CADERNO DO FUTURO

Simples e prático

Língua Portuguesa

4º ano
ENSINO FUNDAMENTAL

 4ª edição
São Paulo – 2022

Coleção Caderno do Futuro
Língua Portuguesa 4º ano
© IBEP, 2022

Diretor superintendente Jorge Yunes
Diretora Editorial Célia de Assis
Editora Adriane Gozzo
Assistente editorial Isabella Mouzinho, Stephanie Paparella, Patrícia Ruiz
Revisão Denise Santos, Yara Affonso
Departamento de arte Aline Benitez, Gisele Gonçalves
Secretaria editorial e processos Elza Mizue Hata Fujihara
Assistente de produção gráfica Marcelo Ribeiro
Projeto gráfico e capa Aline Benitez
Ilustrações Vanessa Alexandre, Shutterstock
Imagens Shutterstock
Editoração eletrônica N-Public

Dados Internacionais de Catalogação na Publicação (CIP) de acordo com ISBD

P289c	Passos, Célia
	Caderno do Futuro 4º ano: Língua Portuguesa / Célia Passos, Zeneide Silva. - 4. ed. - São Paulo : IBEP - Instituto Brasileiro de Edições Pedagógicas, 2022.
	128 p. : il. ; 32cm x 26cm.
	ISBN: 978-65-5696-286-3 (aluno)
	ISBN: 978-65-5696-287-0 (professor)
	1. Ensino Fundamental Anos Iniciais. 2. Livro didático. 3. Língua Portuguesa. 4. Ortografia. 5. Gramática. 6. Escrita. I. Silva, Zeneide. II. Título.
2022-3338	CDD 372.07
	CDU 372.4

Elaborado por Odilio Hilario Moreira Junior - CRB-8/9949

Índice para catálogo sistemático:
1. Educação - Ensino fundamental: Livro didático 372.07
2. Educação - Ensino fundamental: Livro didático 372.4

Impressão Leograf - Maio 2024

4ª edição - São Paulo - 2022
Todos os direitos reservados.

Rua Gomes de Carvalho, 1306, 11º andar, Vila Olímpia
São Paulo – SP – 04547-005 – Brasil – Tel.: (11) 2799-7799
www.editoraibep.com.br

APRESENTAÇÃO

Queridos alunos,

Este material foi elaborado para você realizar várias atividades de Língua Portuguesa e auxiliá-lo no processo de aprendizagem. São atividades simples e práticas que retomam temas de estudo do seu dia a dia, preparando você para as diversas situações de comunicação que vivencia na escola e fora dela.

Esperamos que aproveite bastante este material no seu desenvolvimento escolar e pessoal.

Um abraço.
As autoras

SUMÁRIO

BLOCO 1 6
Encontro vocálico
Encontro consonantal
Dígrafos
Ortografia

BLOCO 2 21
Acentuação
Sílaba tônica
Artigo definido e artigo indefinido
Ortografia

BLOCO 3 34
Sinais de pontuação
Frases afirmativas/negativas
Frases interrogativas/exclamativas
Ortografia

BLOCO 4 49
Substantivos próprios e comuns
Substantivos simples e compostos
Substantivo coletivo
Ortografia

BLOCO 5 61
Gênero do substantivo
Número do substantivo
Grau do substantivo
Ortografia

BLOCO 6 74
Sinônimos e antônimos
Grau do adjetivo
Numeral
Ortografia

BLOCO 7 91
Pronomes pessoais do caso reto
Pronomes pessoais do caso oblíquo
Pronomes de tratamento
Ortografia

BLOCO 8 100
Verbo – tempos do verbo
Verbo – 1ª conjugação – ar
Verbo – 2ª conjugação – er
Verbo – 3ª conjugação – ir
Ortografia

BLOCO 9 119
Sujeito e predicado
Advérbio – tipos de advérbio
Ortografia

Bloco 1

CONTEÚDO:
- Encontro vocálico
- Encontro consonantal
- Dígrafos
- Ortografia:
  → e – i / o – u
  → br – cr – dr – fr – gr – pr – tr – vr
  → ss

Lembre que:

- Quando duas ou mais vogais estão juntas na mesma palavra, temos um **encontro vocálico**.
  Exemplos: v**oa**r, ig**ua**l, pergunt**ou**.

- **Ditongo:** encontro de duas vogais pronunciadas em uma mesma sílaba.
  Exemplos: l**ei**te, bal**ão**, est**ou**ro.

- **Hiato:** encontro de duas vogais pronunciadas em sílabas separadas.
  Exemplos: m**io**lo, sa**ú**de, l**ua**r.

- **Tritongo:** é o encontro de três vogais pronunciadas em uma mesma sílaba.
  Exemplos: Parag**uai**, sag**uão**.

---

1. Complete as palavras com os **encontros vocálicos** adequados, depois leia em voz alta as palavras formadas.

g___ta   mam___   m___to
sag___   s___tit   fl___ta
beb___   d___tar   caminh___
mand___   p___s   Urug___

2. Escreva quatro palavras com **encontros vocálicos**:

3. Escreva palavras com os **ditongos** abaixo:

ai	oi

eu	ei

6

4. Separe as palavras abaixo nas colunas correspondentes:

curioso - véu - saudade - rainha - rei
céu - gratuito - país - vaidade - saída
porta - noite - caixa - lagoa - piada - moeda

Ditongos	Hiatos

5. Desembaralhe as sílabas e forme palavras. Depois, classifique o encontro vocálico das palavras formadas em **ditongo** ou **hiato**. Observe o exemplo:

| sou | ra | te |

tesoura   ditongo

a) | péu | cha |

b) | sei | o | pas |

c) | a | lu |

d) | jor | nais |

e) | í | ses | pa |

6. Pesquise em jornais e revistas palavras que contenham **hiato**. Cole-as no espaço abaixo e circule os hiatos:

7

7. Sublinhe os **tritongos** das palavras:

a) averiguei

b) iguais

c) quaisquer

d) Uruguai

e) aguou

f) enxaguou

> **Lembre que:**
>
> - Duas ou mais consoantes juntas com sons diferentes formam um **encontro consonantal**. Exemplos: **fl**ores, du**pl**o, **cl**ima, o**bs**ervou.
>
> → podem estar na mesma sílaba:
> (pr)a-to   a-(br)a-ço   (pl)u-ma   (gl)o-bo
>
> → podem estar em sílabas diferentes:
> a(b-d)i-car   a(d-v)o-ga-do   a(d-j)e-ti-vo

8. Circule os **encontros vocálicos** das palavras abaixo e classifique-os:

a) rainha

b) caatinga

c) coração

d) muito

e) saguões

f) álcool

g) parou

h) Paraguai

9. Separe as sílabas das palavras destacadas. Sublinhe os **encontros consonantais**:

a) **Glória** foi à **biblioteca pública**.

b) O **atleta** participou do **treino**.

c) **Clóvis** não esquece **absolutamente** nada.

8

d) O **advogado** é **digno** de respeito.

10. Leia as palavras e depois contorne os **encontros consonantais** das palavras:

a) glacê
b) príncipe
c) aclamação
d) dragão
e) admirar
f) cacto
g) lágrima
h) segredo
i) abrigar
j) grampo
k) grego
l) inglês
m) preço
n) clorofila

11. Escolha quatro palavras do exercício anterior e forme uma frase com elas.

12. No quadro estão alguns encontros consonantais. Utilize-os para completar as palavras.

fr - pl - cr - fl - cl - gn - bj - dv

a) ___itura
b) ___uma
c) ___eme
d) a___ito
e) ___ave
f) di___o
g) si___ificação
h) o___eto
i) a___ogado
j) ma___ífico

13. Escreva as palavras do exercício anterior em ordem alfabética.

1. 6.
2. 7.
3. 8.
4. 9.
5. 10.

Lembre que:

- **Dígrafo** é o grupo de duas letras que representa um só fonema.
  Exemplos: te**rr**a, i**lh**a, pá**ss**aro.

- **Os principais dígrafos:**

ch – **ch**eio	**rr** – gue**rr**eiros
lh – mu**lh**eres	**ss** – gira**ss**ol
nh – so**nh**ar	**sc** – na**sc**er
gu – san**gu**e	**sç** – de**sç**a
qu – mos**qu**eadas	**xc** – e**xc**eto

- Os dígrafos **rr**, **ss**, **sc**, **sç** e **xc** ficam sempre em sílabas separadas.
  Exemplos:
  cigarra – ci-gar-ra
  osso – os-so
  nascido – nas-ci-do
  cresça – cres-ça
  exceção – ex-ce-ção

- Os dígrafos **ch**, **nh**, **lh**, **gu** e **qu** não se separam.
  Exemplos:
  chuva – **ch**u-va
  di**nh**eiro – di-**nh**ei-ro
  fo**lh**agem – fo-**lh**a-gem
  fo**gu**eira – fo-**gu**ei-ra
  quilo – **qu**i-lo

  Nas palavras em que as duas letras são pronunciadas, os grupos **gu**, **qu**, **sc** e **xc** não são dígrafos.
  Exemplos: lin**gu**iça, e**sc**ada, tran**qu**ilo, e**xc**lamar.

- Também são dígrafos os grupos:

  > am – an – em – en
  > im – in – om – on – um – un

  Eles são dígrafos porque representam vogais nasais.
  Exemplos:

am, an	= [ã]	ca**m**po, sa**n**to
em, en	= [ãe]	se**m**pre, me**n**te
im, in	= [ãı]	li**m**po, li**n**do
om, on	= [õ]	so**m**bra, to**n**ta
um, un	= [ãu]	algu**m**, imu**n**do

10

14. Destaque os dígrafos como no modelo.

gafa**nh**oto   **nh**

a) compressa
b) assoalho
c) carro
d) chuvisco
e) passo
f) ilha
g) caminho
h) assado
i) quero
j) crescido
k) chuva
l) nascido
m) ganhou
n) foguete

15. Leia as palavras do quadro e depois copie somente as palavras que possuem **dígrafos**.

> palavra - guerra - grade - trator
> ganhou - pássaro - prateleira - dúzia
> trabalho - crescido - carro - globo
> mamãe - foguete - alegre - objeto
> artista - quebrado - cravo - português

16. Escreva três palavras com o dígrafo **qu**, depois forme uma frase para cada uma delas.

17. As palavras abaixo possuem dígrafos formados por duas letras repetidas. Circule os dígrafos, depois forme novas palavras retirando uma das letras repetidas. Siga o modelo.

a(ss)a   asa

a) carro
b) erra
c) cassar
d) torra

18. Separe as sílabas.

a) chuveiro
b) campo
c) folha
d) cigarra
e) nascido
f) quebrado
g) professor
h) guitarra
i) anta
j) excepcional
k) fichário
l) passado

19. Complete o quadro com outros exemplos para os **dígrafos** indicados.

Dígrafos	Exemplos
a) rr	ferro
b) ss	profissão
c) ch	chão
d) lh	trabalhar
e) nh	linha

Vamos trabalhar com: **e – i / o – u**

20. Complete com **e** ou **i** e copie as palavras:

a) pát__o

b) crân__o

c) camp__ão

d) cr__ar

e) __mpecilho

f) ant__véspera

g) pr__vilégio

h) possu__

12

i) d____scrição

j) dif____cil

k) s____quer

l) continu____

21. Sublinhe a alternativa correta em cada frase e, depois, copie-a.

a) O menino estava irrequieto / irriquieto na classe.

b) A professora destribui / distribui os livros todos os dias.

c) A seriema / siriema é uma ave que come cobras e gafanhotos.

22. Pesquise no dicionário o significado das seguintes palavras:

a) soar

b) suar

c) comprimento

d) cumprimento

13

23. Complete as frases com as palavras abaixo.

a) soar - suar

No silêncio da noite, ouve-se o _____ _____ da campainha.
O forte calor do dia fazia-me _____.

b) bambo - bambu

O sofá da sala está _____.
Fiz uma flauta com um pedaço de _____.

c) cumprimento - comprimento

Entre as pessoas, a palavra oi é uma forma de _____.
É preciso acertar o _____ das roupas.

24. Pesquise no dicionário o significado das palavras abaixo e depois forme frases com elas.

a) discrição

b) descrição

25. Leia e complete as palavras com **o** ou **u**; depois, separe as sílabas:

a) pir___lit___

b) m___chila

c) t___lipa

d) l___mbriga

e) ab___t___ar

f) ad___çar

g) c___t___car

14

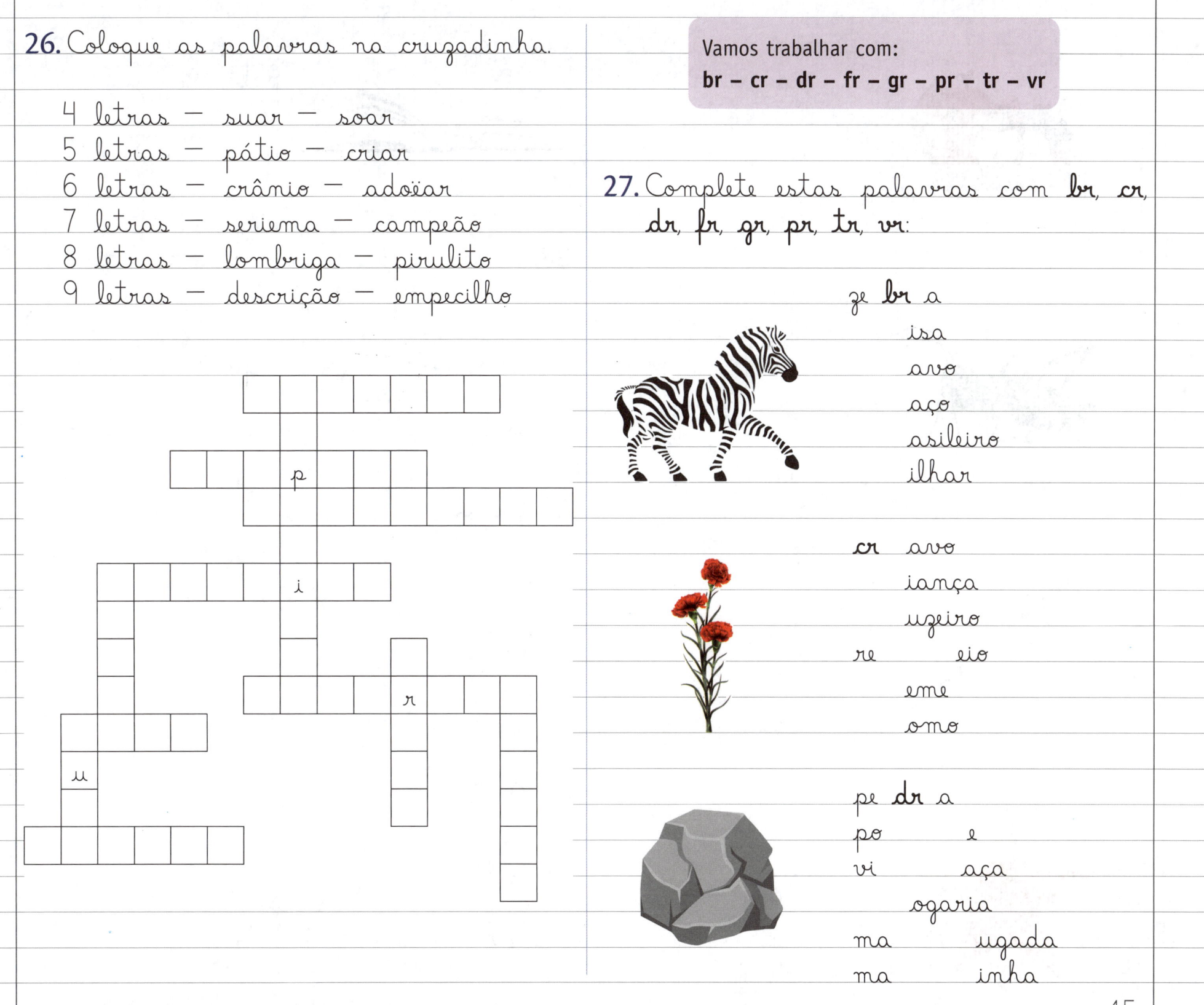

26. Coloque as palavras na cruzadinha.

4 letras — suar — soar
5 letras — pátio — criar
6 letras — crânio — adoçar
7 letras — seriema — campeão
8 letras — lombriga — pirulito
9 letras — descrição — empecilho

Vamos trabalhar com:
br – cr – dr – fr – gr – pr – tr – vr

27. Complete estas palavras com br, cr, dr, fr, gr, pr, tr, vr:

ze **br** a
isa
avo
aço
asileiro
ilhar

cr avo
iança
uzeiro
re   eio
eme
omo

pe **dr** a
po   e
vi   aça
ogaria
ma   ugada
ma   inha

15

fr uta
ade
co e
ase
ita
eira

gr ilo
uta
ade
ma o
ti e
avata

pr ego
ato
onto
esente
ata
aça

es **tr** ela
abalho
inta
ança
omba
evo

li **vr** o
pala a
la ado
li aria
li eiro

28. Forme novas palavras, acrescentando **r**. Siga o modelo.

pata prata

a) apontar

b) gato

c) ponto

d) fio

e) costa

f) botar

g) baço

h) pato

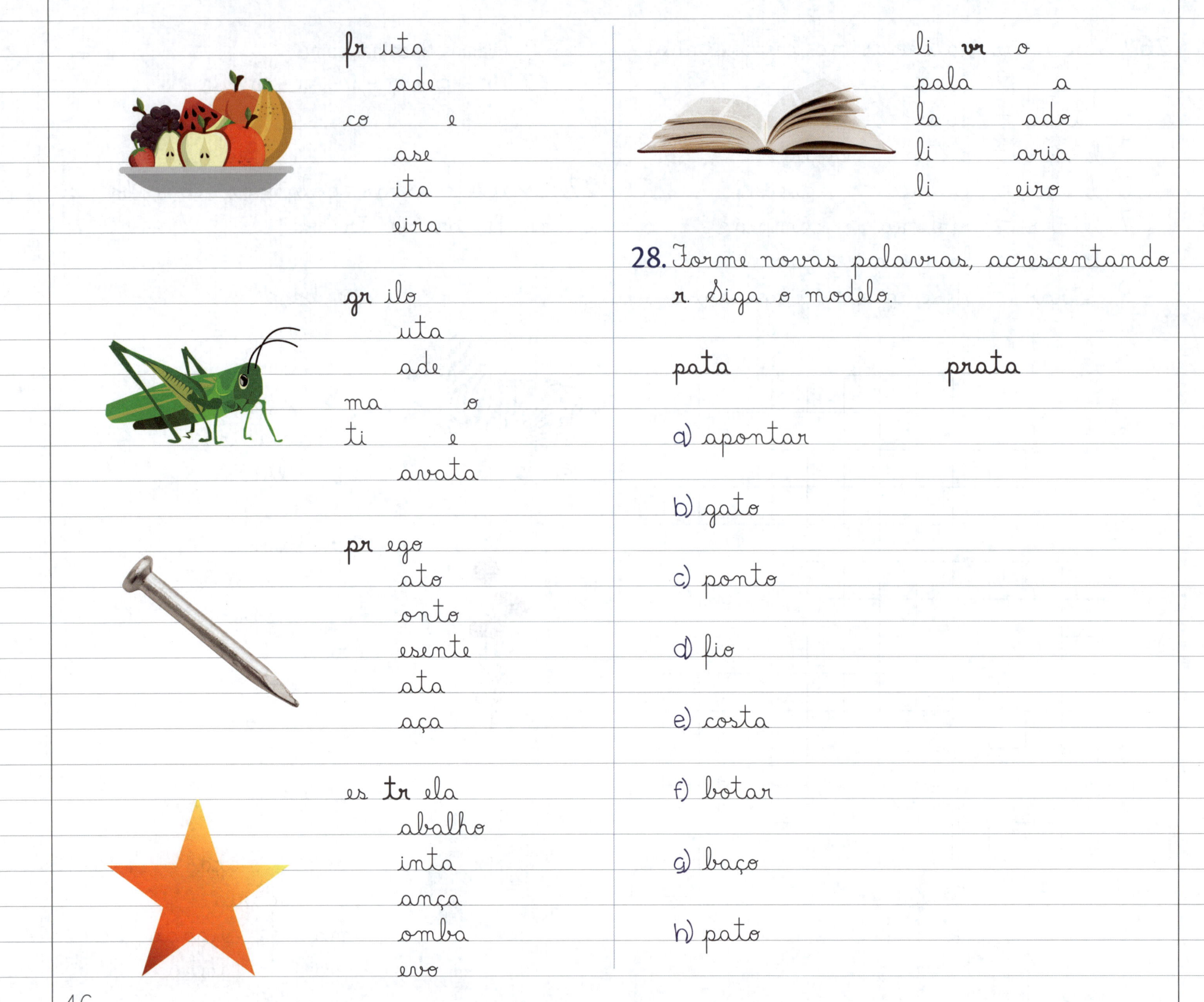

i) peso

j) banco

k) festa

29. Forme frases com os grupos de palavras abaixo.

a) compadre - comadre

b) padrasto - madrasta

c) príncipe - princesa

Vamos trabalhar com: **ss**

30. É com **s** ou **ss**? Complete as lacunas com a alternativa adequada, depois separe as sílabas das palavras formadas.

a) se___enta

b) faí___ca

c) pa___ta

d) apre___ado

e) pa___ado

f) ca___telo

g) bu___ola

h) re___to

i) pá___aro

j) compa___o

17

31. Ordene as sílabas para formar palavras.

a) mas - a - do - sa

b) so - gros

c) do - as - sa

d) são - cis - pro

e) pres - de - sa

f) sa - mis

g) zes - de - seis

h) so - pas

32. Reescreva as palavras abaixo em ordem alfabética.

tosse - assobio - disse - sessenta
isso - gesso - professora
massagem - Cássio - fossa

1.   6.
2.   7.
3.   8.
4.   9.
5.   10.

33. Complete as palavras com **s** ou **ss**:

a) discur⎵o
b) a⎵ado
c) con⎵ultório
d) per⎵istente
e) inten⎵o
f) conde⎵a
g) a⎵altante
h) a⎵alto
i) conden⎵ar
j) a⎵inar
k) recur⎵o
l) con⎵istência

34. Escreva as letras minúsculas do alfabeto.

a　　e　　i　　o　　u

a　b　c　d　e　f

g　h　i　j　k　l

m　n　o　p　q　r

s　t　u　v　w　x

y　z

35. Escreva as letras maiúsculas do alfabeto.

A   E   I   O   U

A   B   C   D   E   F

G   H   I   J   K   L

M   N   O   P   Q   R

S   T   U   V   W   X

Y   Z

Bloco 2

CONTEÚDO:
- Acentuação
- Sílaba tônica
- Artigo definido e artigo indefinido
- Ortografia:
  → m antes de p e b – an, en, in, on, un
  → l – lh

Lembre que:

- O **acento agudo** (´) é usado para indicar que a sílaba é tônica e a vogal tem som aberto.

  Exemplos: Piauí, lágrima, úmido, máquina, guaraná, régua, égua, mobília, língua, cílio, açúcar, saúde, conteúdo.

- O **acento circunflexo** (^) é usado para indicar que a sílaba é tônica e a vogal tem som fechado.

  Exemplos: crânio, pêssego, ônibus, ambulância, vovô, cômodo, infância, inglês, chinês, matinê, frequência, astrônomo.

1. Acentue corretamente as palavras a seguir:

cortes	Araujo	trico
caia	carreteis	japones
bau	heroina	lencois
hoteis	voce	tambem
marques	Anhangabau	porem
juizo	pinceis	portugues
reune	metro	vovo
pasteis	caracois	robo
ruina	farois	ninguem

2. Escreva cinco palavras com acento.

a) agudo

b) circunflexo

21

3. Leia as palavras.

ferias - barulho - martir
imas - agua - crocodilo
terrivel - varinha - album
tenis - principio - bonus
torax - hifen - radio
tunel - chacara - taxi
boneca - felicidade - caramujo

Agora, separe-as em seu devido lugar, grafando-as corretamente:

Palavras com acento grafado

Palavras sem acento

4. Nas frases abaixo, algumas palavras estão destacadas. Acentue-as quando necessário.
a) Hoje vi um **sabia** cantando.
b) Ele **sabia** as regras daquele jogo.
c) Aquela empresa **fabrica** aviões em miniatura.
d) A sirene da **fabrica** toca sempre de manhã.
e) **Maio** é o mês das noivas.
f) No verão são vendidos muitos **maios**.

5. Acentue as palavras conforme os modelos.

saída	ca a	ju zo
	ru na	hero na
saúde	ci me	re ne
	Ara jo	mi do
anéis	hot is	past is
	carret is	pinc is
anzóis	carac is	far is
	lenç is	aeross is
armazém	tamb m	por m
	ningu m	al m

22

6. Reescreva apenas as palavras que devem ser acentuadas. Depois, coloque o acento corretamente.

a) esperto
b) colegio
c) colega
d) ingles
e) criança
f) umido
g) tambem

Lembre que:

- **Sílaba tônica** é a sílaba mais forte de uma palavra.
  Exemplos: pa**pel**, felici**da**de, **â**nimo.
- **Classificação das palavras quanto à sílaba tônica:**
  → **Oxítonas:** quando a sílaba tônica é a última.
  Exemplos: so**fá**, ca**qui**, pa**pai**.
  → **Paroxítonas:** quando a sílaba tônica é a penúltima.
  Exemplos: re**ló**gio, prin**ce**sa, ca**der**no.
  → **Proparoxítonas:** quando a sílaba tônica é a antepenúltima.
  Exemplos: **mé**dico, **xí**cara, mate**má**tica.

7. Acentue as palavras. Depois, separe-as conforme o som.

lampada - pessego - chapeu - fabula
japones - frances - historia - tragico
onibus - veterinario - veu - angulo

Som aberto	Som fechado

8. Sublinhe a sílaba tônica das palavras.

a) feliz
b) abelha
c) árvore
d) véspera
e) carnaval
f) manhoso
g) bicho
h) saúde
i) esquina
j) esperto
k) brejo
l) negócio

23

9. Separe as sílabas, destacando a sílaba tônica, como no modelo.

comédia co - mé - dia mé

a) mamadeira

b) alfaiate

c) urubu

10. Complete de acordo com o exemplo.

arrumava ar - ru - ma - va
Número de sílabas: 4
Sílaba tônica: ma
Classificação da sílaba tônica: paroxítona

a) café
   Número de sílabas:
   Sílaba tônica:
   Classificação da sílaba tônica:

b) enquanto
   Número de sílabas:
   Sílaba tônica:
   Classificação da sílaba tônica:

c) manhã
   Número de sílabas:
   Sílaba tônica:
   Classificação da sílaba tônica:

d) análise
   Número de sílabas:
   Sílaba tônica:
   Classificação da sílaba tônica:

11. Risque apenas as palavras cuja antepenúltima sílaba é tônica.

Júpiter - abelha - vêu - música
dúvida - duvidar - mágico - vândalo
fábula - vítima - ferrão - recuar
chapéu - gráfico - saúde - econômico
economia - rainha - pântano - lápis

Agora, responda:

Quanto à sílaba tônica, qual é a classificação dessas palavras?

24

12. Numere corretamente, usando:

(1) para as palavras paroxítonas;
(2) para as palavras proparoxítonas;
(3) para as palavras oxítonas.

a) ( ) óculos   i) ( ) dinheiro
b) ( ) jornal   j) ( ) café
c) ( ) banana   k) ( ) janela
d) ( ) abacaxi   l) ( ) máquina
e) ( ) pílula   m) ( ) simpático
f) ( ) sossego   n) ( ) pião
g) ( ) ônibus   o) ( ) roseira
h) ( ) anzol   p) ( ) caqui

13. Copie as palavras do quadro nos lugares corretos.

cebola - urubu - lápis - café - drogaria
caqui - hálito - crisântemo - escola - boné
trabalho - rápido - úmido - professor
caminho - cantor - crítico - lento

paroxítonas

proparoxítonas

Lembre que:

- **Artigo** é a palavra colocada antes do substantivo para determiná-lo.
- Os artigos podem ser **definidos** ou **indefinidos**.
  → **Artigos definidos:** determinam o substantivo de modo particular e preciso: **o, a, os, as**.
  → **Artigos indefinidos:** determinam o substantivo de modo vago, geral: **um, uma, uns, umas**.
- O artigo indica, ao mesmo tempo, o gênero e o número dos substantivos. Observe:

a casa   **o** jardim
as casas   **os** jardins

14. O que é artigo?

oxítonas

15. Escreva:

a) os artigos **definidos**:

b) os artigos **indefinidos**:

16. Complete com os artigos convenientes, observando os modelos.

    a mamãe
a) _____ noites
b) _____ carros
c) _____ pessoas
d) _____ rede

    uma viagem
e) _____ livro
f) _____ bolsa
g) _____ montanhas
h) _____ reis

17. Escreva uma frase empregando o artigo **definido** ou o artigo **indefinido**.

18. Releia a definição de artigo definido e de artigo indefinido. Depois, leia as frases abaixo e assinale a opção adequada.

a) A festa da escola foi ontem.
( ) Trata-se de uma festa específica.
( ) Trata-se de uma festa qualquer.

b) Compramos **uns** livros na livraria.
( ) Os livros foram determinados de modo preciso.
( ) Os livros foram determinados de modo vago.

19. Sublinhe os artigos e classifique-os em **definidos** ou **indefinidos**:

a) O padre celebrou uma missa.

b) Uma classe inteira está querendo dançar forró.

c) O jardim possui umas flores bonitas.

d) Um homem ganhou os livros de presente.

e) A freira é bondosa.

f) Uns barcos grandes participaram do campeonato.

20. Faça como no modelo.

O pardalzinho nasceu livre.
O: artigo definido, masculino, singular

a) As estrelas brilham no céu.

b) Comprei uns vestidos na loja.

c) Os meninos caíram na lama.

Vamos trabalhar com: **m** antes de **p** e **b**

an, en, in, on, un

Lembre que:
- Usa-se **m** antes de **p** ou **b**.
  Exemplos: le**mb**rar, a**mb**os, ca**mp**eonato.

21. Preencha os espaços com **am, em, im, om** ou **um**. Depois, copie as palavras.

a)   baixo
b) p   ba
c) c   po
d) s   pre
e) l   po
f) c   binar
g) ch   bo

22. Complete com **an, en, in, on** ou **un**.

a) red   do
b)   visível
c) p   tera
d) c   tura
e) f   do

f) m___dar
g) r___da
h) t___go
i) m___ga
j) p___tor
k) ___feite
l) ___tigo
m) ___golir
n) qu___ze

23. Use **m** ou **n**.

a) ve___to   j) i___seto
b) po___te   k) fo___te
c) te___poral   l) e___xuto
d) ta___bém   m) bri___car
e) so___bra   n) e___brulhar
f) seme___tinha o) e___xugar
g) po___bal   p) e___canto
h) pla___tar   q) e___purrar
i) pe___te   r) ca___tar

Agora, escolha duas palavras e forme frases com elas.

24. Leia a parlenda, assinale as palavras que rimam e escreva-as nas linhas abaixo, conforme o modelo.

Hoje é <u>domingo</u>
Pede <u>cachimbo</u>
O cachimbo é de barro
Bate no jarro
O jarro é fino
Bate no sino
O sino é de ouro
Bate no touro
O touro é valente
Bate na gente
A gente é fraco
Cai no buraco
O buraco é fundo
Acabou-se o mundo.

domingo - cachimbo

28

25. Forme frases com as palavras.

a) samba

b) tombo

Vamos trabalhar com: l – lh

26. Leia as palavras do quadro e copie-as nos lugares corretos.

saleiro - palheiro - cristaleira
molheira - hospitaleiro - toalheiro
sinaleiro - barulheira - prateleira
trabalheira - tabuleiro - conselheiro
cabeleireiro - artilheiro

Palavras escritas com **l**

Palavras escritas com **lh**

27. Complete as frases com as palavras indicadas.

a) **óleo - olho**

Maria aquece o _____ para fritar os pastéis.

O mágico piscou o _____ para a plateia.

b) **mola - molha**

Renan _____ as plantas do jardim.

A _____ da cadeira do papai está quebrada.

29

c) **afilado - afilhado**

O padrinho deu um presente ao _____ no dia de Natal.

Camila tem o nariz _____.

d) **folia - folha**

Carina escreveu um poema para Ícaro na _____ do caderno.

Durante a excursão, os alunos fizeram muita _____.

e) **bola - bolha**

Bruno não queria emprestar sua _____ para os meninos da vila jogarem futebol.

De tanto jogar futebol, Mateus ficou com uma grande _____ no pé.

f) **fala - falha**

Diogo _____ demais.

As aulas da escola de Carolina e Juliana foram suspensas por causa de uma _____ no sistema elétrico.

28. Complete as palavras com **lh** ou **l**. Depois, copie e separe as sílabas.

a) famí ia

b) assoa o

c) auxí io

d) grose a

e) ve ice

f) bi eteiro

a) ta___er

h) cí___ios

29. Forme novas palavras, acrescentando a letra **h**. Observe o modelo.

bola   bolha

a) galo

b) mala

c) cala

d) fala

e) fila

30. Escolha duas palavras do exercício anterior e forme uma frase.

31. Adivinhe: O que é, o que é?

a) Anda com os pés na cabeça?

b) Que todo mundo tem, é vermelha e está sempre debaixo do céu?

c) Tem cabeça mas não pensa, tem dente mas não morde?

d) Tem dente mas não mastiga, tem cabelo mas não se penteia, tem pé mas não caminha?

32. Ordene as sílabas para formar palavras.

a) lha - ção - ma

b) lá - cio - pa

c) va - na - lha

d) le - la - ra - pa

31

33. Copie o texto a seguir o texto sobre os lobos-guarás.

Os lobos-guarás parecem cachorros, com pernas bem compridas! Sua cor é marrom avermelhada e, no pescoço e nos ombros, possuem pelos longos e escuros. Ao contrário dos lobos verdadeiros, que caçam em grupos, os lobos-guarás vivem sozinhos. Habitam os campos e cerrados do Brasil.

34. Copie o texto a seguir sobre os papagaios.

Os papagaios são as aves mais tagarelas que existem! Assim como as araras, os papagaios são muito coloridos e têm um bico encurvado. Só que são menores.

Os papagaios conseguem imitar o som que ouvem, inclusive falando palavras e frases.

Bloco 3

CONTEÚDO:

- Sinais de pontuação
- Frases afirmativas/negativas
- Frases interrogativas/exclamativas
- Ortografia:
  → g – j
  → Emprego da cedilha
  → s com som de z

Lembre que:

- **Vírgula** ,
  A **vírgula** é usada para:
  → separar os nomes de uma relação.
    Exemplo:
    A banana, a laranja, a maçã e o abacate são frutas saborosas.
  → separar palavras que indicam chamamento.
    Exemplo:
    Marina, venha almoçar!
  → separar os lugares das datas.
    Exemplo:
    Belo Horizonte, 10 de junho de 2006.

- **Ponto-final** .
  O **ponto-final** indica o fim de uma frase afirmativa ou negativa.
  Exemplo:
  As crianças discutiam para ver quem começava o jogo.

- **Ponto e vírgula** ;
  O **ponto e vírgula** indica uma pausa maior que a vírgula.
  Exemplo:
  Paulo colocou os livros na estante; depois arrumou o quarto.

- **Dois-pontos** :
  Os **dois-pontos** são usados:
  → para indicar que alguém vai falar.
    Exemplo:
    Patrícia disse:
    – Quero comer bolo!
  → antes de uma enumeração.
    Exemplo:
    As personagens da história são: Clara, Pedrinho, José e o soldado.

- **Reticências** ...
  As **reticências** indicam que o pensamento não está completo, que foi interrompido.
  Exemplos:
  – Estava escuro!... Todos dormiam.
  – Os meninos ficaram quietinhos... muito quietinhos...

- **Aspas** " "
  As **aspas** são usadas para:

34

→ indicar citações.
Exemplo:
"Ordem e Progresso" é o lema da bandeira brasileira.

→ chamar a atenção para uma palavra ou expressão.
Exemplo:
Os "bonecos de pau" não existem mais.

- **Travessão** —
O **travessão** é usado para indicar a fala de uma personagem num diálogo.
Exemplo:
— Psiu!... Vá devagarinho. Não faça barulho.

1. Escreva o nome dos sinais de pontuação:

a) [,]

b) [.]

c) [;]

d) [:]

e) [—]

f) [" "]

g) [...]

2. Escreva frases usando os seguintes sinais de pontuação:

a) vírgula

b) ponto-final

c) ponto e vírgula

d) dois-pontos

e) reticências

f) aspas

g) travessão

35

3. Coloque a pontuação necessária nas frases a seguir.

a) Não posso comprar o livro hoje

b) Gabriela Gustavo e Maria foram ao cinema

c) Roberta foi até a casa de sua amiga depois também visitou sua avó

d) Luciana disse:
   Você já fez a lição hoje

e) O livro Aventuras infantis é muito interessante

f) Da estrada podíamos ver as fazendas as plantações o gado e muitas flores.

g) Cláudia é uma menina inteligente, mas

h) Você já fez a lição de Geografia

4. Numere as falas de acordo com a pontuação a que se refere:

1. Ponto de exclamação
2. Ponto de interrogação
3. Vírgulas
4. Dois-pontos
5. Ponto e vírgula
6. Aspas
7. Ponto-final

( ) — Importante é o meu sinal. Basta. Fim.
( ) — Importante é o que sou! Eu preparo toda a ação e a e-nu-me-ra-ção!...
( ) — Somos usadas também para separar os nomes de uma relação.
( ) — Quem é? Por quê? Aonde? Quando?
( ) — Socorro! Viva! Saravá! Dá o fora!
( ) — Sem nossa contribuição não existe citação.
( ) — Sem por cima ter um ponto, vírgula é um sinal bem tonto!

5. Copie o texto abaixo substituindo os símbolos pelos sinais de pontuação.

- ■ dois-pontos
- ◆ travessão
- ✪ ponto e vírgula
- ✚ vírgula
- ♥ aspas
- ❖ ponto de interrogação
- ★ reticências

Aninha era uma menina que gostava muito de brincar. Ela tinha muitos amigos ■ Luís Henrique ✚ Carina ✚ Ana Carolina ✚ Fernando ✚ Julinho ✚ Tatiana.

Eles faziam muita coisa juntos ■ estudavam as lições de casa ✪ brincavam de tudo quanto era coisa ✪ passeavam de bicicleta ★

Um dia, Aninha disse para a turma ■ ◆ Vamos soltar balão ❖

E lá foram eles pegar uma caixa de fósforos bem de mansinho, para ninguém perceber.

Encheram o balão de ar, acenderam a tocha, e ele foi subindo, subindo ★ mas, vejam só o que aconteceu ■ o balão caiu num jardim perto de onde eles estavam e pegou fogo.

Eles correram e chegaram a tempo de apagar o fogo e evitar que outras crianças que brincavam no jardim se queimassem.

Carina falou para Aninha ■
◆ Aninha ✚ nunca mais diga ♥ Vamos soltar balão? ♥ Você viu como é perigoso ❖ As crianças podiam ter se queimado.

E, desse dia em diante, a turma resolveu nunca mais soltar balão ou fazer qualquer outra coisa perigosa.

Cópia

6. Reescreva as frases e coloque vírgula quando necessário.

a) Mariana foi à escola e levou lápis caderno borracha lapiseira e livro.

b) São Paulo 24 de fevereiro de 2005.

c) Naquela fazenda há porcos bois cavalos vacas e galinhas.

d) Compre feijão arroz carne e macarrão.

Lembre que:

- As **frases afirmativas** afirmam, declaram alguma coisa.
Exemplo: Vamos à festa juntos.
- As **frases negativas** negam, declaram alguma coisa de maneira negativa.
Exemplo: Não sabemos onde ele está.
- As **frases interrogativas** indicam uma pergunta.
Exemplo: Quem quer brincar comigo?
- As **frases exclamativas** indicam admiração, espanto, alegria etc.
Exemplo: Que dia lindo!

a) A polícia persegue o ladrão.

b) Mauro está estudando no quarto.

c) Eu sinto, eu vejo, eu ouço!

d) Eu gosto de ouvir os carros passando.

7. Escreva **a** para as frases afirmativas e **n** para as frases negativas:

a) ( ) Eu não posso comer chocolate.
b) ( ) Ouço o canto dos pássaros.
c) ( ) O carro avançou o sinal.
d) ( ) Você não estudou a lição.

8. Transforme as frases afirmativas em negativas. Observe o modelo:

A criança gosta de brincar.
A criança não gosta de brincar.

9. Forme frases negativas com as seguintes palavras:

a) céu

b) flores

c) pássaros

39

10. Transforme as frases afirmativas em interrogativas. Observe o modelo.
Eu fui ao cinema.
Você foi ao cinema?

a) Eu estudei a lição.

b) Eu gosto de sorvete.

c) Eu comprei a bola.

11. Transforme as frases, seguindo o modelo.
Este menino é inteligente.
Que menino inteligente!
Ele é inteligente?

a) Esta maçã está madura.

b) Este animal é manso.

c) Este livro é interessante.

12. Coloque a pontuação correta.
a) Você viu a minha pasta
b) Com quem você saiu
c) Que moça linda
d) Oh   Como sou feliz
e) Onde está o seu livro
f) Você foi à escola ontem

13. Responda com frases afirmativas e negativas, como no modelo.

> Você gosta de maçã?
> **Sim**, eu **gosto** de maçã.
> **Não**, eu **não gosto** de maçã.

a) Você toca piano?

b) Você toma banho de piscina?

c) Você sabe a lição?

Vamos trabalhar com: g – j

14. Leia com atenção estas palavras:

> majestade - regime - manjedoura
> ginásio - mágica - jeito - geladeira
> ligeira - gengiva - berinjela - gelo
> juramento - gentil - gigante - canjica
> congelado - jiboia - ajeitar - anjinho

Agora, escreva-as nos lugares corretos.

g

j

15. Leia as frases, completando as palavras com **g** ou **j**.

a) A pá___ina do caderno está su___a.

b) A pizza tinha man___ericão.

c) Ro___ério gosta muito de can___ica.

d) ___ilberto viu a ___iboia entre as folha___ens.

e) ___enival deu uma gor___eta ao má___ico.

16. Complete as palavras com **g** ou **j** e copie-as.

a) estran___eiro
b) ___ilete
c) ___enipapo
d) ___iz
e) cere___eira
f) su___estão
g) ___esuíta
h) pa___em
i) ___elatina

j) lo____ista
k) ____emada
l) ____irafa
m) ____eada
n) ____esso
o) al____ema
p) rabu____ento
q) li____eiro
r) ____eração
s) laran____eira
t) gor____ear
u) despe____ar
v) ferru____em

i) geada
j) estrangeiro
k) jesuíta
l) gentil
m) gigante
n) sujeito
o) atingiu

p) jeitoso
q) imagem
r) evangelho
s) garagem
t) giz
u) gorjeio
v) jejum

17. Leia as palavras e circule as sílabas tônicas.

a) queijo
b) jeito
c) canjica
d) coragem
e) sugeriu
f) indigesto
g) legítimo
h) sujeira

18. Complete os nomes próprios com G ou J.

a) ____ertrudes
b) ____eraldo
c) ____esus
d) ____etúlio
e) ____osé
f) ____essé

g) ____ilda
h) ____oão
i) ____iselda
j) ____oana
k) ____eremias
l) ____anete

42

Vamos trabalhar com: cedilha

Lembre que:

- Colocamos a cedilha debaixo do **c** para atribuir-lhe o som de **s** inicial.
  Exemplos: crian**ç**a; mo**ç**o.
- Não se usa cedilha em **ce**, **ci**, nem no início das palavras.
  Exemplos: **ci**rco; **ce**noura.

19. Coloque a cedilha onde for necessário, depois separe as sílabas das palavras:

a) comecamos
b) acucareiro
c) cabeca
d) cacique
e) moco
f) pescoco
g) cacador
h) entristecer
i) braco

20. Complete as palavras com **ça, ce, ci, ço, çu** e, depois, copie-as.

a) ta
b) peda
c) a____car
d) ____ber
e) ma____o
f) for____
g) re____bo
h) ma____neta
i) pra____nha
j) crian____da
k) almo____
l) ____bola
m) carro

21. Complete as palavras com **c** ou **ç**.

a) feli____idade
b) carca____a
c) ____inema
d) amea____ar
e) ca____arola
f) ____édula
g) hortali____a
h) ro____a
i) roli____o
j) ____iúme
k) mor____ego
l) ca____ula
m) la____inho
n) roman____e
o) dobradi____a
p) ____edilha

22. Coloque a cedilha quando necessário.

a) O cirurgião fez a operacão no coracão do moco doente.

43

b) A coroação do príncipe provocou emoção.

c) O berço pertence ao filho caçula.

d) Conheci a dançarina no concerto do pianista.

e) A carroça cheia de cebola caiu no açude.

23. Copie as palavras e circule as sílabas tônicas:

a) onça

b) crianças

c) segurança

d) morcego

e) pincel

f) tecido

g) vacina

h) maciez

i) roliço

j) caçula

k) caçadores

l) situação

m) licença

n) acetona

o) acender

p) maciço

q) macio

r) cansaço

s) açude

t) açúcar

u) berço

Vamos trabalhar com: s com som de z

24. Leia estas palavras, em que o **s** tem som de **z**, e, depois, copie-as:

a) alisar
b) coisa
c) asa
d) mesa
e) asilo
f) música
g) avisar
h) pesadelo
i) besouro
j) roseira
k) camiseta
l) caseiro
m) paraíso
n) casulo
o) gasolina

25. Forme frases com estas palavras:

a) raposa
b) invisível

c) paraíso

d) música

26. Forme palavras, juntando as sílabas indicadas pelos números, e escreva-as:

1	2	3	4	5	6	7	8
co	ra	ca	nha	me	da	be	to
9	10	11	12	13	14	15	16
men	sou	sa	pre	ro	si	re	te

a) 16 - 10 - 2

b) 7 - 10 - 13

c) 13 - 11

d) 3 - 11 - 9 - 8

45

e) 15 - 12 - 11

f) 5 - 14 - 4

g) 3 - 11

h) 3 - 11 - 1

i) 5 - 11 - 6

j) 3 - 11 - 6

27. Complete com **s** ou **z**:

a) rapa___a

b) mú___ica

c) prince___a

d) ca___eira

e) parali___ia

f) de___ena

g) nobre___a

h) ra___o

28. Encontre no diagrama seis palavras em que o **s** tem som de **z**. Siga as dicas para descobrir as palavras!

Dicas

1. Sonho ruim.
2. Camisa curta.
3. Lugar onde moramos.
4. Mesmo que "empregar", "utilizar".
5. Móvel sobre o qual colocamos coisas, fazemos refeições etc.
6. Um tipo de flor que também dá o nome a uma cor.

D	I	F	C	A	Y	R	I	P	U
R	J	E	A	P	C	R	O	S	A
O	W	V	M	K	V	P	A	B	C
U	G	T	I	E	X	G	K	I	L
G	P	E	S	A	D	E	L	O	O
H	F	P	E	Q	X	F	N	X	M
E	I	N	T	A	U	I	L	P	E
R	J	U	A	R	S	C	E	F	S
B	A	H	O	Z	A	K	B	E	A
C	A	S	A	X	R	Z	A	L	K

46

29. Copie o texto a seguir sobre o teiú.

O teiú é um lagarto grande, e seu nome tem origem no Tupi. Ele habita áreas de campos em parte da América do Sul.

Embora sua aparência assuste um pouco, é um animal manso, que só come vermes, lagartas e insetos. Adora chupar ovos de galinha.

30. Copie o texto a seguir sobre os urubus.

Os urubus são as aves mais comuns do nosso país. Vivem por todo o Brasil e comem, principalmente, carne podre ou restos de comida.

Nas cidades, costumam ser vistos sobrevoando os depósitos de lixo. Por causa disso, as pessoas não gostam muito deles.

Bloco 4

CONTEÚDO:
- Substantivos próprios e comuns
- Substantivos simples e compostos
- Substantivo coletivo
- Ortografia:
→ r inicial e r entre vogais / rr
→ ar, er, ir, or, ur

Lembre que:

- **Substantivo** é a palavra que designa o nome do ser.
- **Substantivos comuns:** são aqueles que dão nome a todos os seres da mesma espécie. Eles são escritos com a letra inicial minúscula.
Exemplos: pomar, abóbora, nariz.
- **Substantivos próprios:** são aqueles que dão nome a um só ser da mesma espécie. Eles são escritos com letra inicial maiúscula.
Exemplos: Américo, Portugal, Santa Catarina.

1. Escreva três substantivos próprios e três comuns.

2. Escreva os substantivos do quadro nos locais corretos.

rato - rei - Renato - pato - Rafaela - sala - cabeça - Helena - São Paulo - Marisa

Nomes próprios	Nomes comuns

49

3. Complete as frases com substantivos próprios ou comuns.

a) _____ é uma menina levada.

b) _____ foi à festa de carro.

c) _____ é uma cidade tão bela!

d) Meu avô levou a _____ para o sítio.

e) Nós encontramos o _____.

f) Aquele _____ é tão inteligente.

4. Responda às perguntas, usando substantivos próprios.

a) Qual é o seu nome?

b) Em que rua você mora?

c) Em que país você vive?

5. Sublinhe com um traço os substantivos próprios e com dois traços os comuns.

refrigerante - mamãe - cachoeira - Rui lápis - Gabriel - Loja Plim-Plim carro - Brasil - rio São Francisco

6. As palavras do quadro são substantivos próprios e substantivos comuns. Complete as frases utilizando-as corretamente.

> Narizinho - cachoeira - Brasil pau-brasil - Cachoeira Paulista - nariz

a) Nessas férias tomei banho de _____.

b) O município de _____ fica no estado de São Paulo.

c) _____ é uma personagem de Monteiro Lobato.

d) Aquela menina tem o _____ arrebitado.

e) As praias do _____ são famosas.

f) O _____ é um tipo de arvóre.

Lembre que:

- **Substantivo simples:** é formado por uma só palavra.
  Exemplos: jabuticaba, árvore, galho.
- **Substantivo composto:** é formado por mais de uma palavra.
  Exemplos: pé-de-meia, couve-flor, guarda-chuva, quarta-feira, arco-íris etc.

7. Sublinhe os substantivos compostos:

 a) O salva-vidas salvou a vida do banhista.
 b) Que cachorro-quente delicioso!
 c) Mamãe comprou couve-flor na feira.

8. Ligue as palavras que melhor combinarem para formar substantivos compostos. Depois, escreva os substantivos formados. Observe o exemplo:

banana   roupa
amor   negro
algodão   tinteiro
guarda   maçã
quadro   doce
caneta   perfeito

Substantivos formados:
banana-maçã;

9. Indique com **S** os substantivos simples e com **C** os compostos.

a) erva-doce ☐
b) escova ☐
c) pisca-pisca ☐
d) quadro ☐
e) caneta ☐
f) pão de ló ☐
g) bolsa ☐
h) arroz-doce ☐
i) cadeira ☐
j) amor-perfeito ☐

k) ventilador ☐

l) pé de moleque ☐

m) jogador ☐

n) bem-te-vi ☐

o) alto-falante ☐

p) quinta-feira ☐

10. Construa frases com os nomes destes pássaros:

a) beija-flor

b) pica-pau

c) joão-de-barro

11. Classifique os substantivos. Observe o modelo.

pão-de-leite
comum   composto

a) rodapé

b) meninada

c) Geraldo

d) beija-flor

e) relógio

12. Forme substantivos compostos:

a) pé-
b) obra-
c) bicho-
d) alto-

e) arco-
f) cachorro-
g) vira-
h) carro-

52

Lembre que:

- Os substantivos que indicam, no singular, uma coleção ou um conjunto de seres da mesma espécie são chamados **coletivos**.
Exemplos: cardume – conjunto de peixes, biblioteca – conjunto de livros.

Conheça alguns coletivos

Ala	de pessoas em fila
Armada	de navios de guerra
Arquipélago	de ilhas
Assembleia	de deputados, de pessoas, de professores
Atlas	de mapas
Bando	de aves
Batalhão	de soldados
Cacho	de uvas, de bananas
Cáfila	de camelos
Classe	de alunos, de pessoas
Clero	de sacerdotes
Colmeia	de abelhas
Congresso	de senadores, de estudiosos
Coro	de vozes
Enxame	de abelhas, de moscas
Esquadrilha	de aviões
Exército	de soldados
Fato	de cabras
Fauna	de animais
Feixe	de lenha, de capim, de varas
Flora	de plantas de uma região
Galeria	de quadros
Júri	de jurados
Legião	de anjos, de tropas
Matilha	de cães, de vadios
Multidão	de pessoas
Nuvem	de gafanhotos
Ossada	de ossos
Pilha	de livros, de tijolos
Quadrilha	de ladrões
Quarteirão	de casas
Quinquênio	de cinco anos
Rebanho	de ovelhas, de carneiros, de cabras
Réstia	de alhos, de cebolas
Revoada	de pássaros
Século	de cem anos
Semestre	de seis meses
Vara	de porcos
Viveiro	de pássaros

53

13. Sublinhe o coletivo correspondente à palavra em destaque.

a) **peixes**
cardume - flora - deputados

b) **músicos**
papel - banda - discos

c) **índios**
frota - bando - tribo

d) **elefante**
ramalhete - manada - rebanho

e) **ladrões**
veículo - fotografia - bando

f) **lobos**
multidão - alcateia - enxame

14. Escreva a que coleções se referem estes substantivos:

a) enxame

b) rebanho

c) penca

d) esquadra

e) constelação

f) quadrilha

g) galeria

h) esquadrilha

i) réstia

15. Siga o modelo.

Nuvem é o coletivo de insetos.

a) _____ é o coletivo de soldados.

b) _____ é o coletivo de livros.

c) _____ é o coletivo de pessoas.

d) _____ é o coletivo de elefantes.

e) _____ é o coletivo de ilhas.

16. Ligue o substantivo coletivo às figuras correspondentes.

revoada

enxame

matilha

cacho

nuvem

biblioteca

17. Escreva embaixo dos desenhos a palavra que indica a coleção representada, escolhendo-a no quadro:

revoada - boiada - quadrilha - colmeia
arquipélago - esquadrilha - pelotão

18. Complete com os coletivos e, depois, copie as frases.

a) Um _____ de urubus sobrevoava o local. (aves)

b) A polícia desbaratou uma _____ _____. (ladrões)

c) O _____ estava pronto para entrar em cena. (atores)

d) Que beleza de _____! (cães)

e) O menino tomava conta de um _____. (ovelhas)

f) Eles pescaram quase o _____ todo. (peixes)

55

Vamos trabalhar com: r (inicial e entre vogais) – rr

Lembre que:

- O **r** inicial tem som forte.
  Exemplos: **r**eorganizar, **r**eformado, **r**epente.
- O **r** entre vogais tem som fraco.
  Exemplos: natu**r**eza, abóbo**r**a, jabuticabei**r**a.
- O **rr** entre vogais tem som forte.
  Exemplos: e**rr**ado, disco**rr**endo, ca**rr**egado.

Atenção!
- Não se iniciam palavras com **rr**.
- Na separação de sílabas, o **rr** fica separado.

19. Complete com **r** inicial, copie as palavras e separe as sílabas:

a) ato

b) oupa

c) ua

d) alo

e) osca

f) emo

g) isco

h) ede

i) ipa

j) ainha

k) epolho

l) emédio

m) aposa

56

20. Complete estas palavras com **rr** ou **r**.

a) xíca___a
b) ciga___a
c) ca___acol
d) a___oz
e) ga___oto
f) ma___oto
g) tesou___a
h) cou___o
i) ca___eca
j) besou___o
k) bi___uta
l) pe___uca
m) pa___eira
n) a___epio
o) aqua___ela
p) fe___o
q) ba___iga
r) que___a
s) ba___ata
t) carnei___o
u) ma___ido
v) fe___ugem

Vamos trabalhar com: **ar – er – ir – or – ur**

21. Leia com atenção as palavras abaixo:

árvore - curso - cair - argola - forno
verdura - barco - vermelho - curto
irmão - correr - sorrir - urso
formiga - escrever - martelo - circo
corda - curva - borboleta

Agora, escreva-as nos lugares corretos.

ar

er

ir

or

ur

22. Ordene as sílabas e escreva as palavras.

a) ta - ar - tis

b) do - bor - da

c) va - lho - or

d) to - per

e) ber - co - ta

f) tu - cho - car

57

g) tar-cer-en-de

h) var-co-de

i) ra-ber-tu-a

j) ti-car-lha

k) gu-ra-lar

l) per-te-es-za

23. Complete com **r** e descubra novas palavras. Depois, escreva essas palavras:

a) foca
   fo   ca

b) pata
   pa   ta

c) baba
   ba   ba

d) uso
   u   so

e) lago
   la   go

f) amar
   a   mar

g) maca
   ma   ca

24. Copie as palavras e circule as sílabas tônicas:

a) barca

b) fórmula

c) ordenar

d) farda

e) curva

f) repórter

g) cirurgia

h) perfume

i) carneiro

j) circo

25. Copie o texto a seguir sobre as pererecas.

As pererecas são animais anfíbios como os sapos. Para diferenciar os dois podemos observar as pontas dos dedos; nas pererecas há estruturas chamadas ventosas, usadas para subir em árvores e grudar em lugares difíceis.

26. Copie o texto a seguir sobre os tigres.

Existem cinco tipos de tigres. O siberiano é o maior de todos, podendo medir mais de 3 metros de comprimento e pesar até 300 quilos.

De acordo com a região em que vivem, os tigres são diferentes no tamanho, no desenho do pelo e nos hábitos. Adoram água e são bons nadadores.

Bloco 5

CONTEÚDO:
- Gênero do substantivo
- Número do substantivo
- Grau do substantivo
- Ortografia:
→ Sons do x
→ inho(a), zinho(a)

Lembre que:
- Os substantivos podem ser do gênero **masculino** ou do gênero **feminino**.
- Antes dos nomes masculinos colocamos os artigos **o, os, um, uns**.
- Antes dos nomes femininos colocamos os artigos **a, as, uma, umas**.

1. Escreva **um** ou **uma** diante dos substantivos para indicar-lhes o gênero.

   a) _____ trabalhador
   b) _____ livro
   c) _____ televisão
   d) _____ amigo
   e) _____ beijo
   f) _____ violão
   g) _____ carroça
   h) _____ flor
   i) _____ poltrona
   j) _____ fruta
   k) _____ sapato
   l) _____ travesseiro
   m) _____ carro

Lembre que:
- Para formar o feminino, substantivos terminados em **o** e **e** mudam a terminação para **a**.

2. Passe os substantivos masculinos para o feminino.

   a) macaco
   b) gato
   c) boneco
   d) elefante

Lembre que:
- Substantivos terminados em **r**, **s** ou **z** formam o feminino acrescentando um **a**.

61

3. Passe os substantivos masculinos para o feminino.

a) professor
b) cantor
c) pintor
d) separador
e) carregador
f) inspetor
g) morador

Lembre que:
- Substantivos terminados em **ão** fazem o feminino de três modos: ão → ã, oa, ona

4. Passe os substantivos masculinos para o feminino.

leão   leoa

a) leitão
b) pavão
c) patrão
d) tabelião
e) camaleão
f) hortelão

ancião   anciã

g) órfão
h) irmão
i) campeão
j) cirurgião
k) alemão
l) anão

chorão   chorona

m) brigão
n) comilão
o) valentão
p) solteirão
q) folião

| Alguns substantivos formam o feminino por meio de palavras diferentes ||
Masculino	Feminino
ator	atriz
cavalheiro	dama
cavalo	égua
cavaleiro	amazona
genro	nora

62

Masculino	Feminino
marido	esposa
padre	madre
pardal	pardoca/pardaloca
perdigão	perdiz
réu	ré
veado	corça
zangão	abelha

5. Passe para o feminino.

a) Papai trabalhava como cozinheiro na casa de um ator de televisão.

b) O jogador, um homem bem alto, defendeu bem o time no jogo de ontem.

c) O pardal voou alto.

d) Um pouco mais crescido, virei artesão, para ajudar em casa.

e) Meu compadre é padrinho do irmão do meu marido.

f) Papai e vovô foram ao sítio buscar o cavalo, o carneiro, o bode e o boi.

g) O conde comprou um pavão para presentear o cônsul dinamarquês.

h) O lobo uivou na floresta.

63

6. Escreva entre parênteses **m** para o masculino e **f** para o feminino:

a) ☐ princesa i) ☐ bisavô

b) ☐ sogro j) ☐ genro

c) ☐ amazona k) ☐ neta

d) ☐ avó l) ☐ médica

e) ☐ bisneto m) ☐ cantora

f) ☐ tio n) ☐ ferreiro

g) ☐ padrinho o) ☐ maestro

h) ☐ prima p) ☐ madrasta

7. Crie um texto usando dez palavras no feminino, se você for menina, ou dez no masculino, se for menino.

Lembre que:

- Os substantivos podem estar no **singular** ou no **plural**.
- → O **singular** indica um só ser.
- → O **plural** indica vários seres.
- O plural dos substantivos normalmente é formado acrescentando-se um **s**.

Exemplos:

criança – crianças peixe – peixes

azeitona – azeitonas caneta – canetas

| Algumas palavras fazem o plural de forma diferente ||
Singular	Plural
alemão	alemães
anão	anões
animal	animais
avião	aviões
bombom	bombons
botão	botões
canção	canções
cantor	cantores
capitão	capitães
cristão	cristãos
cruz	cruzes
escrivão	escrivães
freguês	fregueses
gás	gases
irmão	irmãos
mão	mãos
mês	meses
órgão	órgãos
país	países
pão	pães

8. Dê o plural das palavras abaixo, seguindo a indicação.

ães

a) capelão
b) tabelião
c) cão
d) sacristão

ões

e) tubarão
f) coração
g) limão
h) estação

ãos

i) cidadão
j) sótão
k) grão
l) bênção

9. Escreva no plural e separe as sílabas.

a) faquir

b) paz

c) deus

65

d) avestruz

e) português

10. Passe as frases para o plural, observando o modelo.

O pastel estava gostoso.
Os pastéis estavam gostosos.

a) O ladrão está preso.

b) O cão está solto.

c) O armazém está cheio de mercadorias.

d) O alemão é alto.

11. Complete as frases com o plural das palavras entre parênteses.

a) Marcelo atendia os _____. (freguês)

b) Os _____ são ferozes. (leão)

c) A música foi cantada pelos _____. (cantor)

d) Os _____ estão lotados. (hotel)

e) Os _____ acabaram de chegar. (cônsul)

12. Passe para o singular as frases abaixo:

a) Uns capitães chegaram e partiram logo em seguida.

b) Meus irmãos saíram cedo.

c) As mãos dos sacristãos estão erguidas.

d) As mulheres amáveis nos atenderam na loja.

e) As roupas secavam ao sol.

13. Marque com um X as palavras que não sofrem alteração no plural:

a) ( ) greve
b) ( ) alferes
c) ( ) pele
d) ( ) crime
e) ( ) cais
f) ( ) ônix
g) ( ) mal
h) ( ) mel
i) ( ) tórax
j) ( ) rapaz
k) ( ) luz
l) ( ) pires
m) ( ) ave
n) ( ) látex
o) ( ) ás
p) ( ) bórax
q) ( ) caos
r) ( ) foz
s) ( ) bônus
t) ( ) voz
u) ( ) bem
v) ( ) cútis

Lembre que:

- Os graus do substantivo são o **diminutivo** e o **aumentativo**.
- → O **grau diminutivo** exprime o tamanho diminuído do ser.
- → O **grau aumentativo** exprime o aumento do tamanho normal do ser.

Alguns diminutivos e aumentativos

Diminutivo	Aumentativo
animalzinho	animalão
barquinha	barcaça
boquinha	bocarra
cãozinho	canzarrão
casinha	casarão
chapeuzinho	chapelão
copinho	copázio/copaço
corpinho	corpanzil
foguinho	fogaréu
forninho	fornalha
homenzinho	homenzarrão
murinho	muralha
narizinho	narigão
perninha	pernaça
pezinho	pezão
rapazinho	rapagão
tatuzinho	tatuzão
vozinha	vozeirão

67

14. Dê:

a) o aumentativo de cão, casa, fogo e forno

b) o diminutivo de cão, chapéu, casa e voz

15. Dê o aumentativo e o diminutivo de:

a) homem

b) copo

c) corpo

d) boca

e) perna

16. Reescreva as frases, colocando no aumentativo as palavras destacadas.

a) O **rapaz** comprou um **chapéu**.

b) O **cão** fugiu e se escondeu atrás do **muro**.

c) O **nariz** do palhaço era vermelho.

d) Que **peixe** André pescou!

e) O **corpo** do gigante não passou pela **sala**.

17. Reescreva as frases, colocando no diminutivo as palavras destacadas.

a) O **corpo** do **cavalo** estava pintado para o desfile.

b) O **rapaz** usava um **chapéu** para se proteger do sol.

c) Os escoteiros assaram **batatas** na **fogueira** que tinham acendido.

d) Na **casa** em cima do **morro** mora uma **senhora** gentil.

18. Complete a cruzadinha com o aumentativo ou o diminutivo das palavras a seguir.

1. diminutivo de amigo
2. aumentativo de animal
3. aumentativo de fogo
4. diminutivo de peixe
5. aumentativo de chapéu
6. aumentativo de barca
7. aumentativo de corpo
8. diminutivo de copo
9. diminutivo de loja
10. diminutivo de praça

69

19. Dê o grau normal dos substantivos.

a) chuvisco

b) bocarra

c) fogaréu

d) ratazana

e) espadim

f) rapagão

g) vozeirão

h) gotícula

i) moçoila

j) pedregulho

k) salão

l) rochedo

m) vidraça

Vamos trabalhar com: sons do x

Lembre que:

- A letra **x** pode ser pronunciada de várias maneiras, conforme a palavra.

→ **x** com som de **ch**
mexer, lixeiro, faxina, caxumba, puxar, rouxinol, bruxa, caixote, caixa, bexiga, enxame, engraxate, luxo, enxada, graxa, frouxo

→ **x** com som de **z**
exame, exemplo, êxito, exaustor, exercício, exagero, exibição, exatamente, execução, exibir, exigente, existir, examinar, inexistente, exalar, exato

→ **x** com som de **s** ou **ss**
máxima, trouxe, explicou, extraordinário, exposição, auxílio, próximo, texto, exclamação, aproximar, explosão, sexta-feira, exclusivo, externo, extremo, exportação

→ **x** com som de **cs**
anexo, flexionar, boxe, reflexo, flexão, intoxicação, táxi, tóxico, fixo, circunflexo, maxilar, oxigênio, sexagenário, oxítona, asfixiar

20. Forme frases com as palavras:

a) caxumba

b) examinar

c) x com som de s ou ss

d) x com som de cs

21. Distribua as palavras do quadro a seguir conforme o som do x:

sexo - baixo - proximidade - reflexão
caixão - experiente - lixo - exaltado
fixar - expectativa - tórax - abacaxi
extrair - executar - oxigênio - examinar
coxa - excesso - crucifixo - boxe
excursão - exame - caixinha - exigir
bexiga - exatamente - êxito - trouxe
complexo - exibir - caxumba - exigente
próximo - roxo - fixo - exposição

a) x com som de ch

b) x com som de z

Vamos trabalhar com: inho(a) – zinho(a)

Lembre que:

- Escrevem-se com **inho(a)** os diminutivos das palavras que terminam em **s** ou **z** ou por uma dessas consoantes seguida de vogal.
Exemplos:
lápis + inho = lapisinho
raiz + inha = raizinha
rosa + inha = rosinha
beleza + inha = belezinha

- Escrevem-se com **zinho(a)** os diminutivos das palavras que não terminam em **s** ou **z**.
Exemplos:
papel + zinho = papelzinho
pai + zinho = paizinho

22. Dê o diminutivo das palavras abaixo, acrescentando **zinho(a)** ou **inho(a)**:

a) princesa
b) rosa
c) mesa
d) asa
e) blusa
f) juiz
g) nariz
h) parafuso
i) arroz
j) capuz
k) casa

23. Forme palavras:

gar   lu   zi   nho

fa   di   zen   nha

mi   nho   a   qui

ti   mon   nho

nai   jor   nhos   zi

24. Complete os quadrinhos.
1. O diminutivo de bandeira
2. O diminutivo de macaco
3. O diminutivo de bicho
4. O diminutivo de livro
5. O diminutivo de folha
6. O diminutivo de criança

72

25. Copie o texto a seguir sobre o tamanduá-bandeira.

O tamanduá-bandeira é um mamífero desdentado, isto é, não possui dentes. Em compensação, tem uma língua tão comprida que chega a alcançar 40 centímetros.

Alimenta-se de formigas, cupins e ovos de aves. Sua cauda é longa e peluda.

Bloco 6

CONTEÚDO:

- Sinônimos e antônimos
- Grau do adjetivo
- Numeral
- Ortografia:
  → l – u
  → al, el, il, ol, ul
  → qu – gu / c – g

Alguns sinônimos

abrigado: protegido	morar: residir
alvo: claro	amplo: grande
aprisionar: prender	clarear: iluminar
ajudar: auxiliar	choro: lágrimas
perguntou: indagou	faminto: esfomeado
ancião: velho	resolver: decidir
lembrar: recordar	cintilam: brilham
matas: florestas	preguiçoso: desanimado
aroma: cheiro	surpreso: espantado

Alguns antônimos

aceitar: rejeitar	aparecer: desaparecer
alegre: triste	comprido: curto
amargo: doce	satisfeito: insatisfeito
bom: mau	preto: branco
bondade: maldade	feliz: infeliz
escuro: claro	quente: frio
magro: gordo	simpático: antipático
manso: bravo	alto: baixo
velho: novo	igual: diferente

Lembre que:

Quanto à significação, as palavras podem ser:

- **Sinônimas:** quando têm significados semelhantes. Exemplos: medrosa; temerosa.
- **Antônimas:** quando têm significados contrários. Exemplos: alto; baixo.

1. Em cada caso, sublinhe o sinônimo da palavra à esquerda.

a) amplo   grande / comprido / pequeno

b) ancião   moço / maduro / velho

c) distante longe / perto / próximo

d) ganhar   levar/doar/receber

e) cintilam   apagam/brilham/escurecem

2. Dê os sinônimos das seguintes palavras:

a) gostar

b) ajudar

c) lembrar

d) aroma

e) querer

f) alvo

g) morar

h) bonito

i) certo

j) resolver

k) distante

3. Pesquise o significado das palavras da coluna da esquerda e relacione-as com a coluna da direita.

(1) assíduo   ( ) conseguiu

(2) fértil   ( ) expectativa

(3) obteve   ( ) conduziu

(4) fiasco   ( ) auxiliar

(5) levou   ( ) frequente

(6) comedido   ( ) fracasso

(7) ansiedade ( ) produtivo

(8) negligente ( ) descuidado

(9) ajudar   ( ) prudente

4. Escreva dentro dos parênteses o antônimo da palavra destacada.

a) Este menino é **bom**.
(   )

b) Aquele homem é **alto**.
(   )

c) Meu cachorro Peludo é **manso**.
(   )

d) O dia está **claro**.
(   )

e) A lua **desaparece** no céu.
(   )

5. Dê os antônimos destas palavras:

a) preto
b) aparece
c) satisfeito
d) alegre
e) magro
f) quente
g) simpático
h) bom
i) feliz
j) bondade
k) feio

6. Assinale **v** para verdadeiro e **f** para falso:

(   ) Alumiar é sinônimo de iluminar.

(   ) Alto é antônimo de baixo.

(   ) Distante é oposto de longe.

(   ) Princípio é o mesmo que início.

(   ) Surgiu equivale a sumiu.

(   ) Triste é sinônimo de zangado.

(   ) O verbo prender pode ser substituído pelo verbo aprisionar.

(   ) Apreensivo é o mesmo que calmo.

Lembre que:

- O **grau comparativo** serve para comparar qualidades dos seres e pode ser:
  → de superioridade: A tartaruga é **mais** preguiçosa **que** a lesma.
  → de inferioridade: A tartaruga é **menos** preguiçosa **que** a lesma.
  → de igualdade: A tartaruga é **tão** preguiçosa **quanto** a lesma.

7. Em que grau estão os adjetivos das frases?

a) A menina é tão religiosa quanto a mãe.

b) Rodolfo é menos estudioso que Saulo.

c) O cachorro é tão esperto quanto o gato.

d) Tiago é mais esperto que Bruno.

e) O dia hoje está tão chuvoso quanto ontem.

8. Escreva as frases colocando o adjetivo **competente** no grau comparativo que se pede.

Solange é competente.
Patrícia é competente.

a) de inferioridade

b) de superioridade

c) de igualdade

77

9. Construa frases empregando as expressões abaixo, conforme o grau que se pede.

mais alto que - tão esperto quanto
menos alegre que - menos rico que
tão feliz quanto - mais bonita que

a) comparativo de superioridade

b) comparativo de inferioridade

c) comparativo de igualdade

Lembre que:

- Os adjetivos **bom**, **mau**, **grande**, **pequeno** possuem formas diferentes para o grau comparativo de superioridade. Observe:
  bom – melhor   mau – pior
  grande – maior   pequeno – menor

Exemplos:
Fruta é **melhor que** doce.
A casa de Rodrigo é **menor que** a de Paulo.
Na frase abaixo, o adjetivo triste aparece em um grau muito elevado, quase exagerado:
A tartaruga está **tristíssima**.
O adjetivo tristíssima, nessa frase, está no **grau superlativo**.

| Alguns superlativos ||
Adjetivo	Grau superlativo
agradável	agradabilíssimo
amável	amabilíssimo
amigo	amicíssimo
bondoso	bondosíssimo
cheio	cheíssimo
comprido	compridíssimo
difícil	dificílimo
feliz	felicíssimo
fraco	fraquíssimo
gentil	gentilíssimo
grande	grandíssimo
inteligente	inteligentíssimo
rico	riquíssimo
seco	sequíssimo

10. Empregue o grau superlativo. Veja o exemplo:

Nadir é amável.
Nadir é muito amável.
Nadir é amabilíssima.

a) A prova foi difícil.

b) O homem é magro.

c) O diretor é gentil.

d) O cachorro é esperto.

11. Escreva o grau superlativo de:

a) alto
b) triste
c) novo
d) inteligente
e) amigo
f) magro
g) agradável
h) pouco

12. Escreva, nas linhas embaixo de cada frase, em que grau estão os adjetivos.

a) As flores são mais cheirosas que o cravo.

b) O livro está novíssimo.

c) Eu sou tão organizada quanto Lúcia.

d) O coqueiro é menos alto que o cajueiro.

e) Ela levou um grandíssimo fora.

79

Lembre que:

- **Numeral** é a palavra que exprime quantidade, ordem numérica, múltiplo ou fração.
  Exemplos: **dois** filhos; **três** colheres.

  → **cardinais** são os que indicam quantidade.
  Exemplos: um, dois, três, quatro etc.

  → **ordinais** são os que indicam a ordem numérica.
  Exemplos: primeiro, segundo, décimo etc.

  → **multiplicativos** são os que exprimem o múltiplo.
  Exemplos: dobro, triplo, quádruplo etc.

  → **fracionários** são os que indicam divisão, fração. Exemplos: meio, terço, quarto etc.

Conheça alguns numerais

Cardinais	Ordinais	Multiplicativos	Fracionários
um	primeiro	simples	um inteiro
dois	segundo	duplo ou dobro	um meio
três	terceiro	triplo	um terço
quatro	quarto	quádruplo	um quarto
cinco	quinto	quíntuplo	um quinto
seis	sexto	sêxtuplo	um sexto
sete	sétimo	sétuplo	um sétimo
oito	oitavo	óctuplo	um oitavo
nove	nono	nônuplo	um nono
dez	décimo	décuplo	décimo

Cardinais	Ordinais	Multiplicativos	Fracionários
onze	undécimo ou décimo primeiro	undécuplo	onze avos
doze	duodécimo ou décimo segundo	duodécuplo	doze avos
quinze	décimo quinto	quinze vezes	quinze avos
vinte	vigésimo	vinte vezes	vinte avos
trinta	trigésimo	trinta vezes	trinta avos
quarenta	quadragésimo	quarenta vezes	quarenta avos
cinquenta	quinquagésimo	cinquenta vezes	cinquenta avos
sessenta	sexagésimo	sessenta vezes	sessenta avos
setenta	septuagésimo	setenta vezes	setenta avos
oitenta	octogésimo	oitenta vezes	oitenta avos
noventa	nonagésimo	noventa vezes	noventa avos
cem	centésimo	cêntuplo	centésimo

13. Classifique os numerais das frases:

(m) Multiplicativo (f) Fracionário
(c) Cardinal (o) Ordinal

(   ) Comi **um terço** do bolo.
(   ) São **dez** horas.
(   ) Mário conseguiu o **primeiro** lugar.
(   ) Mamãe fez o **dobro** dos pastéis.

14. Dê os numerais multiplicativos de:

a) dois

b) três

c) quatro

d) cinco

e) seis

f) sete

15. Escreva, por extenso, os ordinais que correspondem a estes cardinais:

a) seis

b) doze

c) vinte e oito

d) trinta e seis

e) vinte e nove

f) quarenta e três

16. Classifique os numerais abaixo.

a) dez

b) metade

c) terço

d) dezessete

e) vigésimo

f) trinta

g) dobro

h) primeiro

17. Forme frases com as palavras:

a) quatro

b) quadragésimo

c) século

18. Sublinhe somente os numerais cardinais.

a) Três mais três são seis.

b) O último a chegar foi o número dezessete.

c) O dobro de dez é vinte.

d) Cem é a metade de duas centenas.

19. Destaque e classifique os numerais das orações abaixo.

a) Didi tem o triplo da minha idade.

b) Victor ganhou duas lindas bolas.

c) Só recebi a quinta parte do meu salário.

d) Eu sou a oitava na folha de chamada.

Vamos trabalhar com: l – u

20. Complete estas palavras com l, copie-as e separe as sílabas:

a) sina

b) funi

c) a   to

d) caraco

e) ca   da

f) a   face

g) potáve

21. Complete as palavras com **u** e depois copie-as.

a) pa   ta
b) sonho
c) o   vido
d) ca   le
e) minga
f) responde
g) medi

22. Complete as palavras das frases com **l** ou **u** e, depois, copie as frases.

a) O homem a   to dirige seu a   tomóve   .

b) A bicicleta está com o peda   so   to.

c) O so   dado foi visitar as a   toridades.

d) O piloto voo   em seu avião.

e) Titia quebrou o sa   to do sapato no degra   .

83

23. Complete com **l** ou **u**:

a) tab_ada
b) ca_deirão
c) futebo_
d) co_ve
e) anima_
f) po_co
g) ma_dade
h) fa_ta
i) chapé_
j) a_moçar
k) reso_ver
l) fina_
m) sa_to
n) ca_mo
o) sa_dade
p) pa_mada
q) a_tor
r) paste_
s) ca_tela
t) a_tomóvel
u) cé_
v) pa_ta

24. Agora, procure as palavras do exercício anterior no caça-palavras.

```
T A B U A D A B C A U T O M Ó V E L
S N F C M D A S A U D A D E Z R S C
G I V F N P L A H I V C O U V E I V
R M P H O J M L L S M A L D G S G H
S A O B I F U T E B O L I P U O F L
P L D C G G C O B O G D X B M L A C
A I Z H L F Z P J P T E V L Z V L D
U C C A L M O D S A Z I H Z H E T Z
T A H P C J A P B L U R O B D R A A
A U I É A X G V G M M Ã Z P T P H B
A T A U T O R P H A P O U C O Q F P
L E S H V G O F C D O J A R F D I I
J L A N I M A L D A D E S G T P N J
I A L M O Ç A R P H F I E S B H A F
V H A C É U B U G P A S T E L C L V
```

84

Vamos trabalhar com: al, el, il, ol, ul

25. Circule as sílabas **al, el, il, ol, ul** nas palavras. Copie as palavras e, depois, separe as sílabas, como no modelo.

carret(el)
carretel   car - re - tel

a) difícil

b) futebol

c) último

d) voltou

e) canal

f) almoço

g) pulso

h) amável

26. Complete as palavras com **al, el, il, ol, ul**:

a) especi____   i) fác____

b) abr____   j) pap____

c) ____ma   k) út____

d) fun____   l) ____godão

e) az____   m) Bras____

f) f____me   n) ____

g) hot____   o) b____sa

h) p____vo   p) p____ga

85

27. Forme frases com as palavras:

a) pulso

b) balde

c) papel

28. Complete as frases com as palavras do quadro.

cachecol – lençol – funil – quartel

a) Coloquei o _____ na cama.
b) Usei o _____ para colocar o suco no recipiente.
c) Use o _____ para se aquecer do frio.
d) O _____ solicitou a presença dos soldados.

29. Acrescente *l* no final da primeira sílaba e escreva as palavras. Observe o modelo:

fogo   fol-go   folgo

a) cada

b) fugir

c) taco

d) caçar

e) suco

f) ata

g) cama

h) cadeira

i) caçada

j) fato

k) cavo

Vamos trabalhar com: qu – gu / c – g

30. Use **qu** ou **gu**:

a) es_____eleto

b) ami_____inha

c) ban_____inho

d) moran_____inho

e) par_____e

f) pin_____inho

g) alu_____el

31. Forme frases com as palavras:

a) calo

b) galo

32. Complete com **c** ou **g** e copie as palavras.

a) _____omprar

b) lu_____ar

c) _____onseguir

d) o_____upado

e) lar_____ar

f) _____rudado

g) _____ara

h) _____ritar

i) pêsse_____o

j) _____raças

k) _____alçada

l) _____rama

87

33. Complete as palavras das frases com **qu, gu, c e g**:

a) Minha ami__inha comprou __eijo e __eleia.

b) O palhaço __i__i deu boas ar__alhadas.

c) O menino __anhou um bar__inho bran__inho.

d) O lu__ar estava o__upado pelos __achorros.

e) Titio estava __omentando sobre o che__e do alu__el da __asa.

34. Leia com atenção:

> fogo - foguinho
> manga - manguinha
> coco - coquinho
> macaca - macaquinha

> As palavras terminadas em **ga** ou **go** formam o diminutivo em **guinha** ou **guinho**.
>
> As palavras terminadas em **ca** ou **co** formam o diminutivo em **quinha** ou **quinho**.

35. Dê o diminutivo destes substantivos:

a) prego

b) faca

c) lago

d) pingo

e) macaco

f) manteiga

g) vaca

h) cerca

i) frango

j) amigo

88

36. Copie o texto a seguir sobre as capivaras.

As capivaras são os maiores roedores do mundo, podendo pesar até 50 quilos! Não têm rabo e possuem orelhas pequenas. Os seus dedos são unidos por uma pele que as ajuda a nadar. Adoram comer plantas aquáticas. Por isso foram chamadas capivaras, que quer dizer comedoras de capim.

37. Copie o texto a seguir sobre os gambás.

O gambá tem mais ou menos o tamanho de um gato. Seus traços característicos são o focinho e as orelhas quase desprovidas de pelos. É um animal de hábitos noturnos: durante o dia, dorme em esconderijos seguros.

Bloco 7

CONTEÚDO:
- Pronomes pessoais do caso reto
- Pronomes pessoais do caso oblíquo
- Pronomes de tratamento
- Ortografia:
  → az, ez, iz, oz, uz
  → bl – cl – fl – gl – pl – tl

Pronomes pessoais

	Caso reto	Caso oblíquo
1ª pessoa do singular	eu	me, mim, comigo
2ª pessoa do singular	tu	te, ti, contigo
3ª pessoa do singular	ele/ela	o, a, lhe, se, si, consigo
1ª pessoa do plural	nós	nos, conosco
2ª pessoa do plural	vós	vos, convosco
3ª pessoa do plural	eles/elas	os, as, lhes, se, si, consigo

- Os pronomes **o**, **a**, **os**, **as** têm também as formas **lo**, **la**, **los**, **las**, **no**, **na**, **nos**, **nas**.

Lembre que:

- **Pronomes pessoais** são palavras que substituem os nomes e representam as pessoas do discurso.

Pessoas do discurso

	Singular	Plural
1ª pessoa – a que fala	eu	nós
2ª pessoa – com quem se fala	tu	vós
3ª pessoa – de quem se fala	ele/ela	eles/elas

1. Substitua as palavras destacadas pelos pronomes pessoais **ele, ela, eles**.

a) **Emília** bateu à porta.

b) **Os meninos** assistiam à partida.

c) **Cecília** fez as apresentações.

d) — Muito fácil — respondeu **o pai**.

91

2. Complete as frases com pronomes pessoais.

a) Catarina ganhou uma boneca. _____ gostou muito do presente.

b) Manoel e Fernando são irmãos. _____ jogam futebol de salão.

c) Eu e Gabriela fomos ao circo. _____ adoramos o palhaço.

d) Márcio foi sorteado. _____ ganhou uma bicicleta prateada.

e) As garotas vão dançar no festival. _____ ensaiaram muito bem.

3. Sublinhe os pronomes das frases a seguir.

a) Enquanto ela canta, eles aplaudem.

b) Vós comprastes chocolate?

c) Tu estás com febre?

d) Nós fomos ao cinema de motocicleta.

e) Hoje eu não posso sair.

4. Faça de acordo com o modelo.

> Eles comem pipoca.
> Eles — 3ª pessoa do plural.

a) Tu correste bem.

b) Vós comestes melancia?

c) Eu sou um artista.

d) Ele recebeu uma carta.

e) Nós sabemos o que fazer.

f) Elas gostam de dançar.

5. Passe para a 1ª pessoa do plural.

a) Ela ia à escola, mas não foi.

b) Renata trará os livros para você.

c) Tu nunca disseste a verdade à Roberta.

d) Eu só faria isso para um amigo.

e) Adelaide trouxera suas coisas para cá.

f) Tu és muito bagunceiro.

6. Classifique os pronomes pessoais e indique as pessoas a que se referem.

a) ti

b) conosco

c) nós

d) tu

e) contigo

f) convosco

93

7. Complete as frases com o pronome pessoal do caso oblíquo correspondente ao que está entre parênteses.

a) A diretora deu-_____ uma pasta. (a ela)

b) Flávia estudou _____. (com eu)

c) José chegou _____. (com nós)

d) O gatinho olhou para _____. (eu)

e) Marcela não _____ abraçou. (ela)

8. Risque os pronomes pessoais oblíquos.

a) Deram-me um lindo ramalhete.

b) Mando-lhe um abraço.

c) O governador não nos chamou.

9. Continue o exercício, usando pronomes pessoais oblíquos, como no modelo.

> Comprei as flores.
> Comprei-as.

a) Terminou a tarefa.

b) Chupou as laranjas.

c) Levou as roupas.

10. Copie as frases, substituindo as palavras entre parênteses pelo pronome pessoal oblíquo adequado.

a) Deu (a ele) um livro.

b) Levei (ela) ao circo.

c) Mostrei (a ela) a casa.

d) Abraçou (ele) com carinho.

e) Viu (elas) na praça.

11. Observe o pronome pessoal do caso reto e use o pronome pessoal oblíquo correto.

> Tu **te** surpreendes.

a) Eu   surpreendo.
b) Nós   surpreendemos.
c) Elas   surpreendem.
d) Ele   surpreende.
e) Vós   surpreendeis.

12. Use os pronomes pessoais adequados.

a) _____ vamos ao cinema. (eu e você)

b) Dê- _____ estes livros. (a mim)

c) Cláudio _____ comprou ontem. (o livro)

d) Abracei- _____ com muito carinho. (tu)

Lembre que:

- Alguns **pronomes de tratamento:**

Você (V.)	usado para colegas, amigos e conhecidos
Senhor (Sr.), Senhora (Sra.)	usados para pessoas em geral
Vossa Senhoria (V. Sa.)	usado para pessoas que ocupam cargos de importância
Vossa Excelência (V. Exa.)	usado para altas autoridades
Vossa Majestade (V. M.)	usado para reis e imperadores
Vossa Santidade (V. S.)	usado para o papa
Vossa Alteza (V. A.)	usado para príncipes e duques

13. Observe os desenhos e escreva o pronome de tratamento adequado:

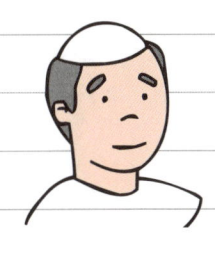

_____   _____

95

14. Forme frases com os seguintes pronomes de tratamento:

a) Vossa Majestade

b) Senhor

c) Vossa Senhoria

d) Vossa Alteza

15. Identifique cada abreviatura usada nos pronomes de tratamento.

V. Sa. —
V. —
V. A. —
V. S. —
Sr. —
Sra. —
V. Exa. —
V. M. —

16. Numere a segunda coluna de acordo com a primeira.

1. pronome pessoal do caso reto
2. pronome pessoal do caso oblíquo
3. pronome de tratamento

( ) Vossa Excelência
( ) lhe
( ) Senhora
( ) comigo
( ) vós
( ) elas
( ) vocês
( ) eu

Vamos trabalhar com: **az – ez – iz – oz – uz**

17. Complete as palavras com **az, ez, iz, oz, uz** e depois separe as sílabas.

a) n
b) fer
c) p
d) cr
e) acid
f) nar
g) l
h) d
i) fel

18. Leia e escreva estas palavras nos locais corretos.

surdez - capataz - vez - faz
aprendiz - traz - diz - talvez
arroz - reluz - cruz - avestruz
veloz - feroz - incapaz - infeliz
seduz - palidez - juiz - voz

a) az

b) ez

c) iz

d) oz

e) uz

19. Passe as palavras para o plural.

a) atriz
b) rapaz
c) cartaz
d) nariz
e) capuz
f) vez

20. Complete as frases com as palavras do quadro.

> rapaz – luz – raiz

a) A sala está escura.
   É melhor acender a _____.

b) Que bela árvore.
   Ela tem uma enorme _____.

c) Tiago tem dezoito anos.
   Ele já é um _____.

21. Forme frases com as palavras a seguir.

a) feliz – paz

b) veloz – feroz

c) rapaz – faz

d) juiz – infeliz

Vamos trabalhar com:
bl – cl – fl – gl – pl – tl

22. Complete com **bl, cl, fl, gl, pl** ou **tl**, depois separe as sílabas das palavras.

a) ___oco

b) ___usa

c) ___asse

d) ___uma

e) ___ube

f) ___obo

g) ___anela

h) ___ima

i) a___ição

j) ___atina

k) ___acê

l) a   eta

m)   echada

n)   icerina

23. Coloque as palavras da atividade anterior em ordem alfabética.

1.   8.

2.   9.

3.   10.

4.   11.

5.   12.

6.   13.

7.   14.

Agora forme uma frase com uma das palavras.

24. Substitua os números pelas sílabas e forme palavras.

1	2	3	4	5	6
la	fla	ni	ri	do	ne
7	8	9	10	11	12
to	de	te	cla	blu	pla
13	14	15	16	17	18
ir	da	co	flu	sa	tô
19	20	21	22	23	24
pra	tra	ca	re	po	ça

2 + 6 + 1 =

10 + 4 + 14 + 8 =

12 + 18 + 3 + 15 =

11 + 17 =

9 + 10 + 5 =

16 + 13 =

19 + 7 =

19 + 24 =

20 + 23 =

22 + 20 + 7 =

12 + 21 =

20 + 24 =

Bloco 8

CONTEÚDO:
- Verbo – tempos do verbo
- Verbo – 1ª conjugação – ar
- Verbo – 2ª conjugação – er
- Verbo – 3ª conjugação – ir
- Ortografia:
  → am – ão
  → isar – izar
  → há – a

Lembre que:

- **Verbo** é uma palavra que exprime:
  – ação. Exemplo: A criança **brincou** bastante.
  – estado. Exemplo: O menino **está** triste.
  – fato ou fenômeno. Exemplo: Ontem não **choveu**.

- São três os **tempos verbais**:
  – presente. Exemplo: Ana **brinca** com as amigas.
  – pretérito. Exemplo: Ana **brincou** com as amigas.
  – futuro. Exemplo: Ana **brincará** com as amigas.

1. Circule os verbos destas frases:

   a) No ponto de ônibus, a amiga esperava por ela.

   b) Você perdeu a prova.

   c) Geraldo viajou para Campinas.

   d) Os homens discutiram muito.

   e) Reginaldo saiu apressadamente.

   f) Todos irão à festa de carro.

2. Ponha nos parênteses **a**, **e** ou **f**, conforme os verbos exprimam ação, estado ou fenômeno:

   a) ☐ Em Natal, sempre chove à tarde.

   b) ☐ O professor está contente hoje.

   c) ☐ Os pássaros cantam na gaiola.

   d) ☐ O dia amanheceu bonito.

   e) ☐ Ventou muito ontem à noite.

   f) ☐ O homem ficou furioso.

   g) ☐ A professora escreve no quadro.

3. Para cada verbo, dê o substantivo correspondente. Veja o modelo:

> estudar   estudo

a) morrer
b) pensar
c) reunir
d) segurar
e) acontecer
f) discutir

4. Copie as frases e, em seguida, risque os substantivos, sublinhe os adjetivos e circule os verbos:

a) César ganhou uma linda camisa.

b) A casa tem janela verde e porta vermelha.

c) A menina deu um beijo gostoso na avó.

d) Lena é uma ótima empregada.

5. Complete as frases de acordo com os desenhos, observando os tempos verbais pedidos.

a) Tempo presente

Eu _____ leite.

b) Tempo pretérito

Eu _____ leite.

c) Tempo futuro

Eu _____ leite.

6. Sublinhe os verbos e classifique-os quanto ao tempo verbal.

a) Maria e Renan correram atrás do cachorro.

b) Gabriela gosta de desenhar.

c) Mais tarde, sairei com o papai.

d) O médico assistiu o doente.

e) Gustavo caiu da bicicleta.

f) Amanhã eu irei ao baile.

g) Seu cão precisa ser vacinado.

h) Vou ao cinema com minha irmã.

7. Leia e assinale o verbo da frase.

Ele brincou no parque a tarde toda! Agora, responda: o verbo está em que tempo?

Se ele estivesse no futuro, como ficaria? Reescreva a frase.

8. Complete as frases com os verbos do quadro. Atenção: alguns verbos não serão usados.

> chora – parte – visitaram – moram
> gostaríamos – deixará – ficou – fala
> olhará – levarei – cortar – relatam
> nasceu

a) Sílvia _____ cansada porque andou muito de bicicleta.

b) Vítor _____ o bolo de aniversário.

c) Meus tios _____ em São Paulo.

d) _____ biscoito e doce para o lanche da escola.

e) A criança _____ para tomar banho frio.

f) Notícias _____ fatos.

g) A menina Thayara _____ em Curitiba, no estado do Paraná.

Lembre que:

- Os verbos podem terminar em **ar**, **er**, **ir**.
  - Os verbos que terminam em **ar** são da 1ª conjugação.
    Exemplos: cant**ar**, fal**ar**, estud**ar**.
  - Os verbos que terminam em **er** são da 2ª conjugação.
    Exemplos: com**er**, vend**er**, nasc**er**.
  - Os verbos que terminam em **ir** são da 3ª conjugação.
    Exemplos: part**ir**, fug**ir**, sub**ir**.
- Os pronomes pessoais **eu**, **tu**, **ele**, **ela**, **nós**, **vós**, **eles** e **elas** indicam as pessoas do verbo.

Conjugação de um verbo da 1ª conjugação

Cantar

Presente	Passado ou pretérito	Futuro
Eu cant**o**	Eu cant**ei**	Eu cant**arei**
Tu cant**as**	Tu cant**aste**	Tu cant**arás**
Ele cant**a**	Ele cant**ou**	Ele cant**ará**
Nós cant**amos**	Nós cant**amos**	Nós cant**aremos**
Vós cant**ais**	Vós cant**astes**	Vós cant**areis**
Eles cant**am**	Eles cant**aram**	Eles cant**arão**

9. Coloque os verbos do quadro nos locais corretos.

cumprir - andar - reunir - pedir
fazer - telefonar - separar - abrir
pintar - ler - beber - imitar
subir - vender - resolver - estudar

1ª conjugação

2ª conjugação

3ª conjugação

10. Dê exemplos de verbos:

a) da 1ª conjugação.

b) da 2ª conjugação.

c) da 3ª conjugação.

11. Sublinhe e classifique os verbos de acordo com os tempos verbais em que se encontram.

a) O homem pensa, resolve e fala.

b) Clarice sentiu-se orgulhosa do filho.

c) Como é que o senhor sabe de tudo?

d) Eu sairei esta noite.

e) Nós vimos o arco-íris.

f) Os meninos comprarão livros.

12. Faça como no modelo:

> vendeis   vender 2ª conjugação

a) amo

b) partes

c) sairei

d) escrevestes

13. Complete as frases, modificando os verbos destacados de acordo com as pessoas.

Ela **estudou** ontem, **estuda** hoje, **estudará** amanhã.

a) Eles _____ ontem,

_____ hoje

_____ amanhã.

b) Eu _____ ontem,

_____ hoje,

_____ amanhã.

c) Nós _____ ontem,

_____ hoje,

_____ amanhã.

14. Observe as terminações do verbo **cantar** e escreva a pessoa e o tempo dos verbos abaixo:

a) andas

b) fechei

c) telefonarás

d) falou

e) trabalham

f) respiraram

g) brinco

15. Conjugue os verbos abaixo, no presente, em todas as pessoas.

Eu brinco
Nós
Tu
Vós
Ele
Eles

Nós compramos
Ele
Eu
Eles
Tu
Vós

Tu amas
Ele
Eles
Eu
Nós
Vós

Ele trabalha
Vós
Eu
Tu
Eles
Nós

Ela estuda
Eu
Tu
Elas
Vós
Nós

Vós correis
Ele
Tu
Eu
Eles
Nós

16. Complete as frases com os verbos entre parênteses, nos tempos pedidos.

a) Nós _____ nossos pais.
   (amar - presente)

b) Eu _____ de você.
   (gostar - futuro)

c) Elas _____ o quadro.
   (apagar - passado)

d) Amanhã, elas _____ uma festa.
   (dar - futuro)

17. Conjugue o verbo **estudar** nos tempos e pessoas pedidos. Observe o modelo.

Presente

1ª pessoa do plural
Nós estudamos muito.

2ª pessoa do plural

106

3ª pessoa do singular

Pretérito

1ª pessoa do singular

2ª pessoa do singular

3ª pessoa do plural

Futuro

1ª pessoa do plural

2ª pessoa do plural

3ª pessoa do singular

Conjugação de um verbo da 2ª conjugação		
Vender		
Presente	**Pretérito ou passado**	**Futuro**
Eu vend**o**	Eu vend**i**	Eu vend**erei**
Tu vend**es**	Tu vend**este**	Tu vend**erás**
Ele vend**e**	Ele vend**eu**	Ele vend**erá**
Nós vend**emos**	Nós vend**emos**	Nós vend**eremos**
Vós vend**eis**	Vós vend**estes**	Vós vend**ereis**
Eles vend**em**	Eles vend**eram**	Eles vend**erão**

18. Observe as terminações do verbo **vender** no quadro acima. Depois, indique em que pessoa e tempo os verbos abaixo estão conjugados:

a) comemos

b) vende

c) morreram

107

d) correrão

e) desenvolveste

f) podereis

g) fervestes

h) deves

19. Conjugue o verbo **correr** nos tempos e pessoas pedidos:

Presente

1ª pessoa do singular
Eu corro muito.

2ª pessoa do plural

3ª pessoa do singular

Pretérito

1ª pessoa do singular

2ª pessoa do singular

3ª pessoa do plural

Futuro

1ª pessoa do plural

2ª pessoa do plural

3ª pessoa do plural

20. Reescreva as frases, passando os verbos do tempo presente para o futuro.

a) Eu corro no parque.

b) Nós comemos salada.

c) Tu escreves no quadro.

d) Eles tremem de medo do leão.

e) O time perde o campeonato.

21. Escreva os tempos em que se encontram os verbos.

a) Eu beberei um copo de refrigerante.

b) Ela devolveu a caneta.

c) Nós teremos uma recompensa.

d) Tu deves pagar a dívida.

e) Eles estudaram para a prova.

22. Conjugue os verbos abaixo, no presente, nas pessoas indicadas.

Eu cresço
Nós
Ele
Tu
Vós
Eles

Ele desce
Nós
Eles
Tu
Eu
Vós

Conjugação de um verbo da 3ª conjugação		
Partir		
Presente	Pretérito ou passado	Futuro
Eu part**o**	Eu part**i**	Eu part**irei**
Tu part**es**	Tu part**iste**	Tu part**irás**
Ele part**e**	Ele part**iu**	Ele part**irá**
Nós part**imos**	Nós part**imos**	Nós part**iremos**
Vós part**is**	Vós part**istes**	Vós part**ireis**
Eles part**em**	Eles part**iram**	Eles part**irão**

23. Conjugue os verbos **dormir** e **sair** nos tempos e pessoas pedidos:

Dormir

Presente

1ª pessoa do plural
Nós dormimos.

2ª pessoa do singular

3ª pessoa do singular

Pretérito

1ª pessoa do singular

2ª pessoa do singular

3ª pessoa do plural

Futuro

1ª pessoa do plural

2ª pessoa do plural

3ª pessoa do singular

Sair

Presente

1ª pessoa do singular
Eu saio.

2ª pessoa do plural

3ª pessoa do plural

Pretérito

1ª pessoa do plural

2ª pessoa do plural

3ª pessoa do singular

Futuro

1ª pessoa do singular.

2ª pessoa do singular.

3ª pessoa do plural.

24. Complete as frases com os verbos nos tempos pedidos entre parênteses.

a) Nós _____ a carta.
(abrir - futuro)

b) Tu _____ o chocolate?
(repartir - pretérito)

c) Eu _____ o cantor.
(aplaudir - pretérito)

d) Vós _____ o disco com emoção.
(ouvir - presente)

25. Conjugue os verbos nos tempos e pessoas indicados.

Dividir - presente

Eu
Tu
Ele
Nós
Vós
Eles

Subir - pretérito

Eu
Tu
Ele
Nós
Vós
Eles

Sorrir - futuro

Eu
Tu
Ele
Nós
Vós
Eles

26. Construa três frases usando os verbos da questão anterior. Observe as indicações de tempo e pessoa de cada verbo.

a) presente, 3ª pessoa do singular

b) pretérito, 1ª pessoa do singular

c) futuro, 3ª pessoa do plural

27. Use os verbos do quadro para completar as frases, de acordo com o que é pedido. Siga o modelo.

> **perdeu** - viram - plantarão - abrirá
> saiu - enterrou - escreve - venderá
> brinca - sorri

O menino **perdeu** o brinquedo.
(2ª conjugação, pretérito)

a) O cachorro _____ o osso em um buraco.
(1ª conjugação, pretérito)

b) Maria e Antônia _____ uma árvore no jardim.
(1ª conjugação, futuro)

c) Aquela menina _____ sempre que me vê.
(3ª conjugação, presente)

d) Ricardo _____ as melhores redações da turma.
(2ª conjugação, presente)

e) A flor que as crianças _____ no parque era azul.
(2ª conjugação, pretérito)

f) O zoológico só _____ no feriado.
(3ª conjugação, futuro)

g) Pedro _____ todas as tardes com seu irmãozinho.
(1ª conjugação, presente)

h) O funcionário _____ mais cedo para ir ao médico.
(3ª conjugação, pretérito)

i) Meu pai _____ seu carro para um amigo.
(2ª conjugação, futuro)

> **Lembre que:**
> - Usamos a terminação **-am** para o pretérito.
> - A terminação **-ão** é usada para o futuro.
> Exemplos:
> Ontem as crianças brinc**am** de esconde-esconde.
> (Pretérito)
> Amanhã as crianças brinc**arão** de esconde-esconde.
> (Futuro)

28. Escreva o tempo verbal em que as ações ocorrem: **pretérito** (ontem) ou **futuro** (amanhã).

a) Eles chegaram de avião.

113

b) Titio e vovô viajarão de carro.

c) As alunas estudarão a lição.

d) Eles lerão o livro.

e) Vocês leram a lição?

f) As crianças cantaram no coral.

29. Leia as frases e complete-as com -ão ou -am:

a) Ontem eles estudar_____.
Amanhã eles estudar_____.

b) Ontem eles ler_____.
Amanhã eles ler_____.

c) Ontem eles viajar_____.
Amanhã eles viajar_____.

30. Complete com -am ou -ão e depois copie as frases.

Pretérito (ontem)

a) Eles comprar_____ alimentos.

b) Eles descansar_____ ao anoitecer.

Futuro (amanhã)

c) Eles abraçar_____ o vencedor.

31. Continue de acordo com o modelo.

Ontem

Elas escolheram o livro.

a) Eles lavar_____ o carro.
b) Elas colocar_____ a fantasia.
c) Eles embrulhar_____ o presente.
d) Elas brincar_____ com a bola.

Amanhã

Elas escolher**ão** o livro.

e) Eles lavar _____ o carro.

f) Elas colocar _____ a fantasia.

g) Eles embrulhar _____ o presente.

h) Elas brincar _____ com a bola.

Lembre que:

- Os verbos derivados de palavras com **s** escrevem-se com **-isar**.
Exemplos: aná**lise** – ana**lisar**; p**isa** – p**isar**.

- Os verbos derivados de palavras que não têm **s** escrevem-se com **-izar**.
Exemplos: especial – especial**izar**; mártir – martir**izar**.

32. Dê os verbos derivados destas palavras:

a) preciso
b) aviso
c) bis
d) pesquisa
e) piso
f) análise
g) improviso
h) paralisia
i) anestesia

33. Forme verbos usando **-izar**. Veja o exemplo:

especial   especializar

a) atual
b) concreto
c) agonia
d) anarquia
e) canal
f) fiscal
g) civil
h) simpatia
i) cristal
j) real
k) eterno

115

> **Lembre que:**
>
> - Para indicar tempo passado, usamos **há** (= faz).
>   Exemplo: **Há** dias os alunos estão de férias.
>
> - Nos outros casos, empregamos **a**.
>   Exemplo: Daqui **a** alguns anos ele se lembrará dos amigos.

34. Complete as frases com **a** ou **há** e, depois, reescreva-as:

a) Passei por lá _____ alguns dias.

b) _____ poucas horas Pedro chegou.

c) Daqui _____ dois meses, ele aparecerá.

d) Daqui _____ uma hora papai chegará.

e) Naquela casa _____ vários quadros.

f) Eu fui lá _____ três anos.

g) _____ muito tempo eu não vejo meu avô.

35. Forme frases empregando **a** e **há**:

36. Copie o texto a seguir sobre os sapos.

Os sapos são importantes para manter o equilíbrio da natureza. Um sapo adulto come uma quantidade equivalente a três xícaras cheias de insetos por dia.

Se não fosse por eles, haveria mais mosquitos, moscas e outros bichos desse tipo por aí.

37. Copie o texto a seguir sobre a jaguatirica.

A jaguatirica é um dos felinos mais comuns na América do Sul. É encontrada do sul dos Estados Unidos ao norte da Argentina.

De hábitos noturnos, refugia-se durante o dia nas áreas mais fechadas da mata, onde permanece no chão ou nas árvores.

Bloco 9

CONTEÚDO:
- Sujeito e predicado
- Advérbio – tipos de advérbio
- Ortografia:
  → por que – porque – por quê
  → mal – mau / mais – mas

Lembre que:

- **Sujeito** é o ser que pratica a ação; é o ser do qual se diz alguma coisa.
  Exemplo: **As borboletas** são belas.

- **Predicado** é tudo aquilo que se diz do sujeito.
  Exemplo: Os alunos **compreenderam a lição**.

1. Circule o sujeito das frases abaixo:

a) O menino joga bola.

b) Luciana conversou com o rapaz.

c) O menino e o amigo sentaram no chão.

2. Complete as frases com sujeitos adequados.

a) _____ gosta de patinar.

b) _____ estudam no mesmo colégio.

c) _____ conseguiu um bom salário.

d) _____ preparam a terra.

e) _____ é para você.

3. Escreva o sujeito das frases a seguir.

a) A borboleta voa.
Sujeito:

b) O cão é feroz.
Sujeito:

c) O avental estampado é da mamãe.
Sujeito:

d) O leão fugiu do circo.
Sujeito:

4. Substitua o sujeito por um pronome pessoal do caso reto.

a) Os alunos foram ao passeio de ônibus.

b) Eu e Maria pintamos a parede do nosso quarto.

c) As meninas desfilaram muito bem.

d) Papai consertou minha bicicleta.

5. Sublinhe o predicado das frases:

a) O papagaio levou um susto.

b) O vaqueiro comprou um chapéu.

c) Esta criança gosta de passear no campo.

d) Eles pegaram o papagaio teimoso.

e) A professora conversou sobre o Natal.

6. Escreva o predicado das frases a seguir.

a) A menina escreve.
Predicado:

b) As estrelas brilham.
Predicado:

c) Os meninos jogam bola no campo.
Predicado:

d) Olinda é o lugar onde moro.
Predicado:

e) Elaine e Rafael gostam muito de sorvete.
Predicado:

7. Crie predicados para os seguintes sujeitos:

a) O homem

b) Maria e eu

c) Os gatos

d) A criança

8. Sublinhe os predicados e circule os verbos.

a) Juliana quebrou o prato de sobremesa.

b) O céu ficou todo estrelado.

c) Marcelo e Guilherme estão conversando.

d) Aninha gostou do passeio.

e) O menino foi assistir à parada militar.

9. Coloque os sujeitos no singular e faça as modificações necessárias.

a) Os animais precisam ser protegidos.

b) Os homens querem preservar a natureza.

c) As tartarugas caminham devagar.

d) As aves voam no céu.

Lembre que:

- **Advérbio** é uma palavra que modifica o verbo, o adjetivo ou outro advérbio.
- Tipos de advérbio:
  - **de lugar:**
    aqui, ali, aí, perto, longe, dentro, fora, acima, abaixo, debaixo, defronte, atrás.
    Exemplo: Meus tios vivem **longe** daqui.
  - **de tempo:**
    hoje, amanhã, ontem, cedo, tarde, agora, antes, depois, logo, então, já.
    Exemplo: O avião partiu **ontem**.
  - **de modo:**
    bem, mal, assim, depressa, devagar e quase todos os terminados em **mente**, como calmamente, levemente etc.
    Exemplo: O atleta jogou **bem**.
    (Os advérbios terminados em **mente** são formados de adjetivo + mente.
    Exemplo: triste + mente = tristemente.)
  - **de afirmação:**
    sim, certamente, realmente.
    Exemplo: Patrícia **certamente** aprovará a ideia.
  - **de negação:**
    não, nunca, jamais.
    Exemplo: **Não** sairei sem você.
  - **de dúvida:**
    talvez, acaso, provavelmente.
    Exemplo: **Provavelmente** choverá à tarde.
  - **de intensidade:**
    muito, pouco, bastante, mais, menos, tão, tanto, quase, demais.
    Exemplo: Ficamos **muito** felizes com a notícia.

10. Complete as frases, empregando os advérbios:

    ontem – muito – não – aqui
    já – agora – talvez – depressa

    a) _____, na reunião, eu falei _____.
    b) Você _____ vai sair do carro?
    c) _____ eu passe de ano.
    d) Você _____ almoçou?
    e) Ela fala _____.
    f) _____ é um ótimo lugar.
    g) Cheguei _____ porque o ônibus demorou.

11. Transforme os adjetivos em advérbios, conforme o exemplo.

    alegre   alegremente

    a) cruel
    b) leve

c) difícil

d) rápido

e) perigoso

f) triste

g) fiel

h) calmo

i) veloz

12. Classifique os advérbios abaixo:

a) talvez

b) amanhã

c) nunca

d) agora

e) aqui

f) sim

g) devagar

h) jamais

i) certamente

j) depois

k) muito

l) tristemente

13. Sublinhe e classifique os advérbios.
a) Aqui ninguém me conhece.

b) Nós iremos amanhã.

c) Não gostei do filme a que assisti.

d) Fale calmamente com sua mãe.

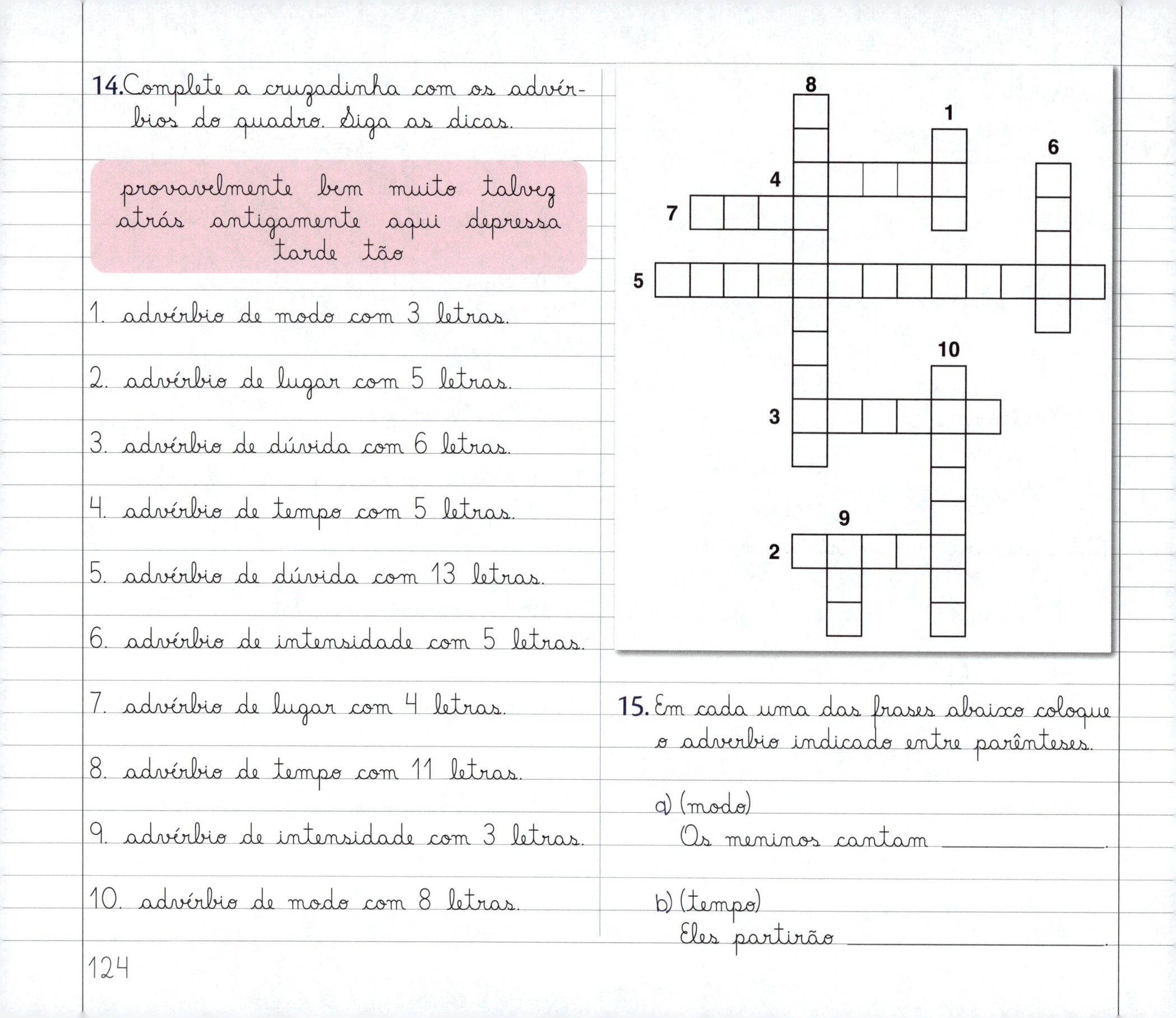

14. Complete a cruzadinha com os advérbios do quadro. Siga as dicas.

> provavelmente bem muito talvez atrás antigamente aqui depressa tarde tão

1. advérbio de modo com 3 letras.

2. advérbio de lugar com 5 letras.

3. advérbio de dúvida com 6 letras.

4. advérbio de tempo com 5 letras.

5. advérbio de dúvida com 13 letras.

6. advérbio de intensidade com 5 letras.

7. advérbio de lugar com 4 letras.

8. advérbio de tempo com 11 letras.

9. advérbio de intensidade com 3 letras.

10. advérbio de modo com 8 letras.

15. Em cada uma das frases abaixo coloque o advérbio indicado entre parênteses.

a) (modo)
   Os meninos cantam _____.

b) (tempo)
   Eles partirão _____.

c) (dúvida)
_____ chova amanhã.

d) (intensidade)
Ele correu _____, mas mesmo assim chegou atrasado.

e) (lugar)
Rodrigo, Ricardo e Samuel farão a casa _____.

f) (negação)
João e Paulo _____ fizeram os trabalhos.

16. Destaque e classifique os advérbios das frases a seguir.

a) Atualmente a vida é mais cara.

b) Não fale mal de seus colegas.

c) Sim, ela ficou muito triste.

d) Talvez eu viaje amanhã.

e) Certamente ficaremos muito felizes.

f) Perto da escola não tem carros.

Lembre que:

- Escreve-se **por que** quando se faz uma pergunta.
  Exemplo: **Por que** você não assistiu ao jogo?

- Escreve-se **porque** quando se responde a uma pergunta.
  Exemplo: Não assisti ao jogo **porque** cheguei atrasado.

- Escreve-se **por quê** quando aparece sozinho no final de uma frase interrogativa.
  Exemplo: Você chegou atrasado **por quê**?

17. Complete com **por que**, **porque** ou **por quê**.

   a) Escreve-se _____ quando aparece sozinho no final de uma frase interrogativa.

   b) Escreve-se _____ quando se faz uma pergunta.

   c) Escreve-se _____ quando se responde a uma pergunta.

18. Complete as frases com **porque**, **por que** ou **por quê**.

   a) Você faltou _____?
   b) Vânia tirou nota boa _____ estudou muito.
   c) Frederico não compareceu _____ estava doente.
   d) Ele não compareceu _____?
   e) _____ você não foi à festa?
   f) _____ você mentiu?
   g) Não gosto de jiló _____ é muito amargo.
   h) O ser humano não respeita os outros animais. _____?
   i) Nós devemos conservar nossas matas, entre outras razões, _____ nelas vivem muitos animais.

19. Forme frases empregando corretamente.

   a) por que

   b) porque

   c) por quê

126

> **Lembre que:**
>
> - Empregamos **mal** quando pudermos opor a **bem**.
>   Exemplo: Carolina desfila **mal** (**bem**).
> - Empregamos **mau** quando pudermos opor a **bom**.
>   Exemplo: Que homem **mau** (**bom**)!
> - Empregamos **mais** para indicar quantidade, intensidade.
>   Exemplo: Eu preciso de **mais** um caderno.
> - Empregamos **mas** para indicar ideia contrária. Pode ser substituído por **porém**.
>   Exemplo: Estou de férias, **mas** (**porém**) estou cansado.

20. Complete as frases com **mau** ou **mal**:

a) Juliana tem medo do lobo _____.

b) Não devemos fazer _____ a ninguém.

c) Roberto se comportou _____.

d) Ele era um _____ aluno.

21. Complete as frases com **mais** ou **mas**:

a) Gosto muito de viajar, _____ não tenho dinheiro.

b) Tenho _____ vontade de comer quando faz frio.

c) Meu amigo me criticou, _____ ele gosta de mim.

d) O mundo precisa de _____ amor.

22. Pesquise propagandas em que apareçam as palavras **mal** - **mau** e **mais** - **mas**. Registre o que você pesquisou.

127

23. Copie o texto a seguir sobre a tartaruga-verde.

A tartaruga-verde é a mais conhecida das tartarugas. Ela vive nos oceanos, mas na época da reprodução as fêmeas voltam para as praias onde nasceram para construir ninhos e botarem os ovos. Deles novas tartarugas nascem e já se dirigem para o mar.

Bem adaptada à vida aquática, a tartaruga-verde desloca-se rápida e elegantemente nas águas, graças às suas patas em forma de nadadeiras.